Couvertures supérieure et inférieure manquantes

THÈSE POUR LE DOCTORAT

UNIVERSITÉ DE DIJON — FACULTÉ DE DROIT

LA JURIDICTION DES GOUVERNEURS DE BESANÇON

THÈSE POUR LE DOCTORAT

(SCIENCES JURIDIQUES)

Soutenue devant la Faculté de Droit de l'Université de Dijon, le jeudi 27 juin 1907, à 1 h. 1/2

PAR

E. MOLINES

LAURÉAT DE LA FACULTÉ DE DROIT

AVOCAT A LA COUR D'APPEL DE BESANÇON

Sous la présidence de M. CHAMPEAUX, *Professeur*

Suffragants : { MM. LOUIS-LUCAS, ROUX, } *Professeurs*

BESANÇON

IMPRIMERIE ET LITHOGRAPHIE J. MILLOT ET Cie

20, Rue Gambetta, 20

1907

BIBLIOGRAPHIE

D'AUXIRON, *Observations sur les juridictions anciennes et modernes de la Ville de Besançon*. — Besançon, Charmet, 1777, in-8°.

BOUSSEY, *La Franche-Comté sous Louis XIV*. — Besançon, Jacquin, 1891, in-8°.

BRISSAUD, *Cours d'Histoire générale du droit français public et privé*. — Paris, Fontemoing, 1904, 2 vol. in-8°.

CASTAN, *Origines de la Commune de Besançon*. — Besançon, Bulle, 1858, in-8°.

CASTAN, *Besançon et ses environs*. — Besançon, 1887, in-8°.

CHARMOILLAUX, *Etablissement de la Commune de Besançon*. — Thèse manuscrite déposée à l'Académie de Besançon, 1904.

CHIFFLET, *Mémoires de Jules Chifflet* (1680) publiés dans les Mémoires et Documents inédits pour servir à l'Histoire de la Franche-Comté.

CLERC, *Histoire des Etats-Généraux de la Comté*. — Besançon, Marion, 1882, 2 vol. in-8°.

COTTIGNIES, *Le Palais de Justice de Besançon*. — (1892).

DELAMARE, *Traité de la Police*. — Paris, 1722-38, 4 vol. in-f°.

DROZ, *Essai sur l'Histoire des Bourgeoisies, du Roi, des Seigneurs et des Villes*. — Besançon, Daclin, 1760, in-8°.

DUNOD, *Histoire de l'Eglise et du Diocèse de Besançon*. — Besançon, 1750, 2 vol. in-4°.

DUNOD, *Coutumes du Comté de Bourgogne*. — Besançon, 1756, in-4°.

ESMEIN, *Cours élémentaire d'Histoire du droit français*. — Paris, Larose, 1892, in-8°.

FLACH, *Les Origines de l'ancienne France*. — Paris, Larose et Forsel, 1886, 2 vol. in-8°.

FOURNIER, *Le Royaume d'Arles et de Vienne*. — Paris, 1891, in-8°.

GLASSON, *Histoire du Droit et des Institutions de la France*. — Paris, 1888, in-8°.

GOLLUT, *Les Mémoires historiques de la République séquanaise* (1588). — Edition Duvernoy, Paris, Delahaye, 1846, in-8°.

GUIGNARD, *Etude sur le testament au Comté de Bourgogne, d'après les testaments de l'officialité de Besançon*. — Paris, Larose, 1907, in-8°.

Jacob, *Le Royaume de Bourgogne sous les empereurs franconien*. - Paris, Champion, 1906, in-8°.

Longnon, *Géographie de la Gaule au VI° siècle*. — Paris, Hachette, 1878, in-4°.

Orival (D'), *Commentaire sur les usages et coutumes de Besançon*. — Besançon, 1721, in-4°

Poupardin, *Le Royaume de Provence*, publié dans la Bibliothèque des hautes études, 131° fascicule. — Paris, Bouillon, 1901, in-8°.

Thierry, Augustin, *Essai sur l'Histoire de la formation et des progrès du Tiers-Etat*. — Paris, 1853, in-8°.

Viollet, *Histoire des Institutions politiques et administratives de la France*. — Paris, 1890, in-8°.

Ouvrages anonymes

Archives de l'Archevêché, liasses 5, 9 et 10.

Archives de la Côte-d'Or, B, 1055.

Apologie de la Cité de Besançon sur les changements qui y sont survenus au commencement de l'an 1668, in-12.

Edit contre les Brigues (1602). — Besançon, N. de Moingesse, 1602, in-8°.

Griefs prétendus par les Gouverneurs de la Cité impériale de Besançon contre les articles dont ils sont en différend avec les Vingt-Huict de ladite Cité devant Sa Majesté Impériale (1650).

Manuscrit appartenant à M. Billard. (Correspondance des Gouverneurs de 1610 à 1648, Edits, Diplômes).

Mémorial que présente à Sa Majesté la Cité de Besançon du fait de la suprême juridiction en civil, criminel, justice et police (1659). — in-16.

Registres municipaux, n°s 1 à 81 (1290-1658).

Société d'Emulation du Doubs (Bulletins de la)

Statutz, règlements et ordonnances faicts en l'assemblée générale des citoyens de la Cité impériale de Besançon, convocquée par les sieurs Président et Vingt-Huict Notables d'icelle, le dimanche 3 juillet 1644. — Besançon, par J. et N. Jouche, 1644, in-8°.

LA JURIDICTION

DES

GOUVERNEURS DE BESANÇON

INTRODUCTION

L'intérêt principal de notre sujet réside dans l'originalité des institutions dont nous nous proposons l'étude.

La juridiction des gouverneurs de Besançon présente, en effet, ce caractère anormal d'être encore soumise à toutes les règles de la procédure accusatoire à une époque où, depuis longtemps déjà, la procédure inquisitoire régnait sans partage dans tous les pays voisins.

Cette survivance s'explique par la situation même de Besançon ; ville de race et de langue française, mais englobée au IXe siècle dans l'empire d'Allemagne à la suite de partages politiques, elle dut à sa position, aux confins des deux principales puissances de l'Europe, de conserver intacts ses franchises et ses privilèges. Les empereurs, comprenant tout l'intérêt qu'ils avaient à s'attacher cette cité puissante, qui leur servait de sentinelle avancée contre la France, la comblaient de faveurs.

Ne connaissant d'autre autorité que la souveraineté immédiate de l'empereur, se gouvernant elle-même par des magistrats élus au suffrage universel et investis du pouvoir de rendre la justice et de faire des lois, Besançon constituait, au milieu de la Franche-Comté espagnole, une république quasi-indépendante, fidèlement attachée à ses vieilles coutumes.

Il nous a paru d'autant plus intéressant de les étudier qu'à l'originalité du sujet se joint encore son entière nouveauté. Les savants ouvrages de Flach, de Glasson, de Viollet, de Brissaud, la thèse récente de M. Testaud sur les juridictions communales de France, ne sauraient, en effet, être considérées comme ayant épuisé la question ; ces auteurs se sont préoccupé de faire des études intéressant toute la France ; ils ont laissé de côté la ville de Besançon dont les institutions, tout à fait spéciales, ne pouvaient trouver place dans des ouvrages d'une portée aussi générale.

Cette nouveauté par trop absolue n'a pas été, d'ailleurs, sans nous causer quelque embarras ; il nous a surtout manqué pour nous guider une histoire locale de Besançon ; tout au plus possédons-nous, sur les origines de la commune, une étude de Castan et une thèse encore inédite de M. Charmoillaux ; cette dernière très savante et pour laquelle son auteur s'est livré à de minutieuses recherches, nous a été d'un grand secours dans la confection de nos deux premiers chapitres. Pour toute la période postérieure, nous n'avons eu à notre disposition que l'*Histoire de l'Eglise de Besançon*, de Dunod, et les *Observations sur les juridictions anciennes et modernes de la ville de Besançon*, de d'Auxiron ; encore ces deux œuvres renferment-elles quelques erreurs et de nombreuses lacunes.

Aussi avons-nous à peu près uniquement eu recours aux Registres municipaux, conservés à la bibliothèque de la ville de Besançon, et à un manuscrit du XVIIe siècle contenant la copie de la correspondance des gouverneurs, de 1610 à 1618, et d'un grand nombre d'édits et de chartes, gracieusement mis à notre disposition par M. Billard, président du Tribunal, à Besançon.

De cette masse de documents inédits, nous nous sommes efforcé d'extraire les éléments suffisants pour donner une idée exacte de la juridiction des gouverneurs et en faire ressortir les caractères originaux.

Notre sujet se divise naturellement en deux parties : une partie historique dans laquelle nous nous attachons à dépeindre l'origine et l'évolution de cette juridiction ; une autre partie, dans laquelle nous faisons l'exposé de son fonctionnement à l'époque où elle a atteint son entier développement ; sa décadence et sa disparition font l'objet d'un dernier chapitre.

A ceux qui nous reprocheront d'avoir réservé dans une thèse juridique une trop large part aux développements historiques, nous répondrons qu'il était fort difficile d'agir autrement que nous ne l'avons fait. Il est indispensable, pour se faire une idée exacte de la façon dont fonctionne une institution, de connaître d'abord le cadre dans lequel elle se meut ; si quelque érudit eut déjà fait connaître l'histoire de Besançon, nous aurions pu peut-être glisser plus rapidement sur certains points ; mais n'ayant aucune référence à donner à nos lecteurs, nous trouvant en présence d'une matière encore à peu près inexplorée, nous avons cru bon d'entrer parfois dans les détails de certains événements qui ont exercé une profonde influence sur la commune et, par contre-coup, sur toutes les institutions qui en dépendent.

CHAPITRE PREMIER

LES ORIGINES DE LA JURIDICTION DES GOUVERNEURS

Besançon municipe romain. — Les invasions. — Développement du pouvoir de l'évêque. — Régalie, Vicomté et Mairie. — Influence conservée par le peuple. — La Sentence de Mayence.

Le problème de l'origine de la juridiction des gouverneurs a de nombreux points communs avec celui de l'origine de la commune elle-même. Selon que l'on adoptera l'opinion qui voit dans l'organisation municipale la continuation des institutions du municipe, ou celle qui, au contraire, la considère comme un produit spontané du mouvement d'émancipation qui se manifeste dans les agglomérations urbaines à partir du XIe siècle, il faudra adopter également une opinion distincte sur l'origine de la juridiction des gouverneurs.

Il pourrait paraître superflu et un peu vain de vouloir soulever de nouveau la question si discutée de l'origine des communes, question sur laquelle de très nombreux et savants auteurs, tant français qu'allemands, se sont livrés à de minutieuses recherches (1).

(1) RAYNOUARD, *Histoire du droit municipal en France* (1829); — GUIZOT, *Histoire de la civilisation en France* (1828-1830); — *Essai sur l'histoire de la formation et des progrès du Tiers-Etat* (1858). — GLASSON, *Histoire du droit et des institutions de la France* (1888). — FLACH, *Les Origines de l'ancienne France* (1893). — BRISSAUD, *Cours d'Histoire générale du droit français public et privé* (1904). — Auteurs

Aussi notre ambition est-elle beaucoup moins vaste ; nous n'avons pas la prétention d'émettre un système général ; nous croyons, au contraire, que la commune de Besançon obéit, en raison de sa situation spéciale, à des règles particulières.

Laissant de côté les ouvrages de généralisation, nous nous bornerons à examiner les opinions des auteurs qui ont fait de l'histoire de Besançon l'objet principal de leur sujet.

Elles peuvent être classées en trois catégories distinctes ; nous examinerons successivement l'opinion traditionnelle, celle de Castan, et celle, toute récente, de M. Charmoillaux.

Tous les anciens auteurs sont unanimes à voir dans la commune la continuation directe du municipe romain.

Ils suivent en cela la tradition immémoriale de la Cité ; fiers de leurs libertés et de leurs privilèges, les citoyens de Besançon affirmaient avec orgueil en avoir toujours joui ; le mémorial qu'ils adressèrent en 1661 au roi d'Espagne, pour le prier de leur confirmer « la suprême juridiction en civil, criminel, milice et police », nous fournit un long exposé des titres qu'ils invoquent à l'appui de leurs prétentions ; beaucoup, il faut le reconnaître, ne nous paraissent même pas mériter la peine d'être discutés, et l'on ne peut qu'admirer l'imagination fertile des légistes bisontins s'efforçant d'établir par des citations d'auteurs latins ou grecs que déjà, longtemps avant la conquête romaine, la ville de Besançon était administrée par des magistrats élus (1).

allemands : Savigny, Eickhorn (1815); Arnold (1854) ; Heusler (1872) ; Nitzsch (1859) ; Maurer (1869) ; Schrœder (1889) ; Sohm (1890) ; Kuntze (1891).

(1) Le mémorial a la prétention de raconter l'histoire de Besançon

Laissant de côté ces assertions fantaisistes, nous allons examiner rapidement, d'après l'opinion traditionnelle, l'organisation municipale de Besançon depuis les premiers siècles de notre ère jusqu'à l'époque où nous la trouvons établie par des chartes d'une authenticité indiscutable.

Malgré les invasions barbares, l'organisation du municipe romain se serait maintenue à Besançon sans aucune interruption ; si la plus grande partie de la ville ne put échapper au pillage et à la ruine, du moins les citoyens réfugiés dans la citadelle inaccessible auraient conservé intacts leurs libertés et leurs privilèges ; l'archevêque, à l'élection duquel ils prenaient d'ailleurs part, aurait toujours trouvé en face de lui une commune organisée.

Les preuves sur lesquelles s'appuie cette théorie ne paraissent pas bien concluantes ; nous ne pouvons sérieusement faire état de la tradition, trop conforme aux aspirations des citoyens pour ne pas être suspecte. Que nous reste-t-il donc ?

D'abord un texte d'un certain Rhenanus que le mémorial de 1661 qualifie « d'auteur classique et saint et le plus renommé de toute l'Allemagne », mais sur l'existence duquel nous n'avons pu recueillir aucun renseignement.

Dans le passage invoqué, cet auteur énumère un certain nombre de cités, parmi lesquelles Besançon, qui, dit-il, « *non serviebant sed tantum certis conditionibus*

depuis sa fondation par des compagnons d'Enée, à une date qu'il indique, avec une rigoureuse précision (1161 av. J.-C.), jusqu'en 1000. Nous y voyons entre autres que Brennus, chef des Gaulois qui assiégeaient Rome, comptait au nombre de ses citoyens ; que les Bisontins avaient rendu tributaires les Athéniens (?) et avaient à leur solde de nombreux princes germains ; que Jules César, désespérant de soumettre des adversaires aussi dangereux, avait traité avec Besançon sur le pied d'égalité.

agnoscebant Francos », et qui, ajoute-il, « *in Germanicum Imperium respicere cæperunt, sic suæ libertatis compotes permansuræ* ».

La présence du mot *curia* dans certains textes est encore invoqué comme une preuve de la persistance du système romain ; une lettre de Frédéric Barberousse (1157), écrite au moment où les légats du pape se rendirent au concile de Besançon, assemblé par l'empereur pour excommunier ce dernier, débute par ces mots : « *Cum nuper in curia bisontina essemus, et de honore imperii et salute ecclesiarum debita sollicitudine tractaremus, venerunt legati Pontificii* (1). »

Un dernier argument est tiré de la Sentence de Mayence, dans laquelle l'empereur Henri VI déclarait maintenir aux citoyens la garde de la ville, accordait un droit de juridiction aux chapitres et aux abbayes de Besançon, mais à charge de respecter *civitatis instituta*, autorisait enfin les citoyens à élire des prudhommes sans se prononcer sur le droit de ces citoyens à s'assembler pour délibérer sur les affaires de la commune, d'où les partisans de cette théorie concluent qu'ils possédaient déjà ce droit.

Telle est l'opinion soutenue par Dunod dans son *Histoire de l'Eglise et du Diocèse de Besançon* (1750), par Droz dans son *Essai sur l'histoire des bourgeoisies du roi, des seigneurs et des villes* (1760) et par d'Auxiron dans ses *Observations sur les Juridictions anciennes et modernes de la ville de Besançon* (1777).

Dans la seconde catégorie, nous pouvons ranger

(1) Il faut bien reconnaître que l'explication que Flach et Brissaud donnent de la persistance du mot *curia* ne paraît guère admissible ici ; ils donnent en effet à ce mot le sens d'assemblée judiciaire (Brissaud, p. 705 ; Flach, p. 233), alors que dans le cas présent le mot « commune » le traduirait beaucoup mieux.

Augustin Thierry (*Essai sur l'Histoire du Tiers-Etat*) et Castan (*Origines de la commune de Besançon*) qui, malgré quelques divergences de détail portant sur l'autorité de la Sentence de Mayence, sont, au fond, d'accord pour admettre que, s'il faut rejeter sans hésiter la théorie du maintien continu de l'organisation municipale à Besançon, on doit du moins reconnaître dans le rétablissement de la commune l'influence due au souvenir des libertés romaines dans l'esprit des citoyens.

Tout récemment, M. Charmoillaux, dans une thèse fort savante et encore inédite, a rompu plus ouvertement encore avec la tradition.

S'inspirant des ouvrages modernes de Flach et de Brissaud, il ne voit dans l'établissement de la commune et dans le pouvoir de juridiction qu'acquièrent les gouverneurs qu'une résultante du vaste mouvement d'émancipation qui se produit dans toute l'Europe occidentale à cette époque ; d'après lui, tout souvenir des institutions romaines avait depuis longtemps disparu.

Pour nous permettre de faire un choix entre ces trois théories, il nous est indispensable d'étudier rapidement l'histoire des institutions de Besançon depuis la domination romaine jusqu'à 1190, date à laquelle l'existence de la commune est constatée d'une façon formelle.

Besançon, capitale des Séquanes, située au croisement de plusieurs voies commerciales, était, sous l'empire romain, une ville fort importante dont les ruines nombreuses attestent aujourd'hui encore la splendeur passée (1). Comme toutes les villes auxquelles avait été concédé le droit de cité, et, s'il faut en croire la tradition, Rome le lui aurait accordé dès la conquête, elle jouissait

(1) Sur la situation de Besançon à l'époque des invasions (voir Longnon, *Géographie de la Gaule au VIe siècle*, p. 220).

d'une véritable autonomie municipale ; administrée par un Sénat local dont les membres, à l'origine du moins, étaient électifs, elle pourvoyait elle-même à sa justice par l'entremise de magistrats choisis dans son sein. L'étude détaillée du régime de la curie a été faite trop de fois pour que nous insistions longuement sur cette organisation ; contentons-nous de remarquer que, dès le IIe siècle, le titre de curiale tendit à devenir héréditaire et que les citoyens perdirent de plus en plus toute influence et tout contrôle sur l'administration et sur la justice. Les abus que commettaient les curiales qui, chargés de répartir les impôts, cherchaient à en faire peser sur le peuple la plus lourde partie, nécessitèrent bientôt la création d'un nouveau magistrat, le *defensor civitatis*, spécialement chargé de la défense de la plèbe et élu au suffrage universel ; il finit par se transformer en un vrai magistrat municipal, nommé pour cinq ans, avec des pouvoirs de police, une juridiction civile et la confection des *gesta* en concours avec les duumvirs, dont le rôle paraît de plus en plus effacé (1).

C'est à la même époque que les progrès du christianisme devaient fournir au peuple une nouvelle occasion d'intervenir dans l'administration de la Cité. Dans l'église primitive, tous les fidèles prenaient part à l'élection de l'évêque ; celui-ci devint bientôt un personnage fort important ; dans bien des villes il remplissait en même temps le rôle de *defensor civitatis* et c'est probablement dans ce rôle politique de plus en plus considérable qu'il faut voir la source du pouvoir temporel dont il devait s'emparer dans les siècles suivants.

Telle était la situation de Besançon au moment où les

(1) Brissaud, *op. cit.*, p. 505.

invasions allaient se produire. Sur toute la période qui suit, les documents authentiques nous font absolument défaut et nous n'avons pour nous guider que les récits toujours suspects de la tradition.

Elle nous représente Besançon comme ayant eu peu à souffrir des premières invasions ; le fait peut être admissible ; sa situation était extrêmement forte, entourée de trois côtés par une rivière profonde et adossée à une montagne que des rocs abrupts rendaient inaccessible, elle pouvait à l'époque passer pour imprenable ; en 407, elle avait soutenu avec succès un très long siège contre les Vandales et les Alains (1) ; ruinée en partie par Attila (2), elle s'était relevée très rapidement, favorisée par les largesses des rois Bourguignons. Rien ne nous empêche donc d'admettre que, jusqu'au VIIe siècle environ, Besançon conserva son organisation municipale ; à cette date, en effet, nous savons que le commandant des troupes à Besançon portait encore le titre de tribun militaire ; nous trouvons également mentionnés à diverses reprises les *honorabiles* de la Cité et nous constatons enfin que le peuple prend toujours part à l'élection de l'évêque.

Cette période serait donc plutôt favorable à la théorie traditionnelle : les habitants de Besançon, citoyens d'une ville forte et puissante, n'avaient pas été contraints d'acheter au prix de leur liberté la protection d'un grand personnage.

Le pouvoir de l'évêque allait cependant croissant : il prenait une part de plus en plus prépondérante dans le gouvernement de la ville et dans l'administration de la justice ; grâce aux nombreuses donations qui augmen-

(1) Dunod, *Histoire de l'Eglise de Besançon*, p. 28.
(2) Dunod, *op. cit.*, p. 17.

taient sans cesse son territoire, la partie de la Cité qui échappait à sa juridiction diminuait chaque jour d'étendue. Les événements vinrent encore favoriser le développement de sa puissance : à deux reprises la ville basse fut ravagée et réduite en cendres, en 736 par les Sarrasins et en 926 par les hordes hongroises (1) ; du forum, du capitole, de tous ces vieux monuments qui rappelaient aux citoyens leur antique liberté, rien ne resta debout, et seuls les habitants, réfugiés dans la ville haute, à l'abri des rochers de la Citadelle, purent échapper au massacre ; les survivants, en petit nombre et complètement ruinés, étaient désormais incapables de résister à la marche envahissante du pouvoir de l'archevêque ; mais celui-ci va voir se dresser en face de lui une puissance rivale, celle des comtes de Bourgogne, jaloux de s'implanter à Besançon, véritable capitale de leurs possessions ; c'est en s'appuyant tour à tour sur chacun des deux adversaires que les citoyens arriveront à reconstituer la commune.

Le rôle politique de l'archevêque (2) s'affirme de plus en plus ; en 879, nous voyons figurer l'archevêque de Besançon Théodoric parmi les prélats qui, réunis à Mantaille, élisent le comte Boson comme roi de Provence (3) ; il en est d'ailleurs puni, car ses biens sont envahis par un nommé Hubon, vassal de Charles-le-Gros, très probablement à l'instigation de ce dernier. Le pape Jean VII fut obligé d'intervenir et il s'adressa à l'empereur qui, à cette époque, est encore considéré comme le souverain direct de la ville de Besançon, pour faire restituer à l'archevêque Théodoric les biens de son

(1) Castan, *Origines de la commune de Besançon*, p. 381.
(2) En 871, Charles le Chauve avait accordé à l'archevêque le droit de battre monnaie et le droit de tonlieu. (Dunod, p. 81).
(3) Poupardin, *le Royaume de Provence*, p. 98.

église [1]. L'archevêque ne devait pas tarder, cependant à rentrer en grâce, et nous savons qu'en 888 Théodoric remplit auprès de Rodolphe, le nouveau roi de Bourgogne Jurane, les fonctions de chancelier [2].

A cette époque, la juridiction impériale était exercée à Besançon sous l'autorité d'un comte qui portait le titre de comte de Besançon [3]; ces comtes disparaissent vers la fin du règne des Carlovingiens; leurs pouvoirs durent passer soit aux vicomtes qui, d'abord leurs lieutenants, finirent par se rendre indépendants, soit à l'archevêque [4]. Il y eut probablement un partage territorial, l'archevêque gardant la juridiction de la ville haute, les vicomtes de l'autre partie.

Le pouvoir des archevêques n'avait cependant pas encore atteint son apogée, le peuple avait encore sur lui un certain contrôle; un acte de 916 nous montre le prélat élu par le clergé de la cathédrale avec le consentement des chefs de famille les plus distingués; les luttes qui suivirent la réunion de la Bourgogne à l'empire d'Allemagne allaient offrir aux archevêques l'occasion de l'accroître encore; lorsqu'en 1032, Rodolphe-le-Fainéant, dernier roi de Bourgogne, mourut, léguant son royaume à l'empereur Conrad-le-Salique, un mouvement de protestation souleva tout le pays, et à Conrad les révoltés opposèrent Eudes de Champagne, neveu de Rodolphe [5]; la lutte dura pendant quatre années et se termina par la défaite et la mort du comte Eudes; Conrad fit alors placer sur la tête de son fils Henri la couronne de Bourgogne.

(1) Poupardin, *op. cit.*, p. 120.
(2) Poupardin, *op. cit.*, p. 151.
(3) Dunod, *Nobiliaire*, p. 588.
(4) D'Auxiron, *Observations sur les juridictions de Besançon*, p. 10.
(5) Jacob, *Le royaume de Bourgogne sous les empereurs franconiens.*

L'archevêque de Besançon Hugues Ier avait eu l'habileté de ne pas prendre part à la lutte ; cette abstention devait avoir sa récompense, car en 1044 l'empereur, désireux de s'en faire un partisan dévoué, le reconnaît comme seigneur de Besançon et prince de l'Empire (1).

Il obtient l'investiture des droits royaux et a, à ce titre, la haute main sur l'administration de la justice ; il en profite pour revendiquer l'hommage des vicomtes, jugeant plus prudent de s'attacher ainsi la puissante famille de Rougemont que de la mécontenter en la dépouillant d'une juridiction dont elle jouissait depuis longtemps.

A côté du tribunal de Vicomté, fonctionne celui de l'archevêque, qui prend dès lors le titre de tribunal de Régalie, en raison de ce qu'il figurait au nombre des droits royaux cédés par l'empereur (2) ; pour marquer la prééminence qui en résulte, il joint à son ancien droit de juger par prévention avec la Vicomté celui d'être érigé en juridiction d'appel par rapport à cette dernière ; un tel droit, au milieu du XIe siècle, est tout à fait anormal, mais l'accord unanime de tous les auteurs qui le reconnaissent sans hésiter nous a décidé à nous ranger à leur avis ; un acte authentique, le diplôme de Charles IV, de 1361, mentionne d'ailleurs l'appel devant la Régalie comme ayant existé de toute ancienneté pour les jugements de la Vicomté et de la Mairie (3).

Le cas n'est d'ailleurs pas unique ; Brissaud (page 673) en signale quelques autres et reconnaît que l'appel est peut-être toujours resté en usage dans le Midi. La législation romaine, qui s'était particulièrement bien conservée à Besançon, peut expliquer la subsistance

(1) Dunod, *Histoire de l'Eglise*, p. 109.
(2) Dunod, *op. cit.*, p. 166.
(3) D'Auxiron, *op. cit.*, p. 43 ; Castan, *op. cit.*, p. 70.

dans cette ville de la procédure de l'appel ; on pourrait encore la rattacher à la procédure des tribunaux ecclésiastiques qui l'ont admis dès le IXe siècle ; l'archevêque aurait attribué à sa juridiction temporelle de Régalie les mêmes règles qu'à sa juridiction spirituelle.

Nous constatons à la même époque l'existence d'un troisième tribunal, le tribunal de Mairie, jugeant également par prévention avec les deux autres. Quelle était son origine ? Sur ce point, d'Auxiron et Castan ne sont pas d'accord.

Le premier voit dans l'existence de ce tribunal un empiètement sur celui des vicomtes, analogue à celui dont les vicomtes se rendirent eux-mêmes les auteurs sur celui des comtes ; le maire, d'abord choisi par le vicomte pour le remplacer dans certains cas, finit par se rendre complètement indépendant de lui.

La théorie de Castan nous paraît plus exacte. Il fait remonter l'origine du tribunal de Mairie à l'archevêque Hugues Ier ; celui-ci, pour restaurer la Cité dévastée et décimée par des guerres perpétuelles, fit rebâtir un quartier appelé le Bourg et le peupla avec des serfs qu'il y transporta de ses domaines de Gy et de Mandeure : le maire, qui porte aussi le titre de *Villicus*, fut spécialement institué pour rendre la justice à ces nouveaux habitants ; lorsque les serfs furent arrivés à conquérir leur liberté, lorsqu'ils eurent obtenu d'être assimilés entièrement aux autres citoyens, la juridiction du maire devint analogue à celle du vicomte. Comme la plupart des charges de cette époque, les fonctions de maire ne tardèrent pas à devenir héréditaires ; la famille qui posséda cette juridiction et sur laquelle nous n'avons pas de renseignements précis avant 1290, date à laquelle les comtes de Chalon, déjà investis de la vicomté, s'en rendirent également possesseurs, rendait hommage à l'archevêque, la Mairie était considérée comme un fief de la Régalie.

Il n'entre pas dans notre tâche de suivre l'évolution de ces divers tribunaux (1), mais il importait de préciser leurs caractères pour connaître les juridictions en face desquelles allait se dresser celle des gouverneurs. Pour que cette énumération fût complète, il aurait fallu citer encore un grand nombre d'autres juridictions, officialité, tribunaux des différents chapitres et des abbayes, mais leur importance n'était que secondaire et nous aurons suffisamment l'occasion d'en parler à propos des conflits dont elles furent parfois la cause.

Dans cette seconde période qui s'étend du VIIIe au XIe siècle, il paraît difficile d'admettre que les citoyens aient pu conserver l'administration complète de leur ville ; le titre de seigneur de Besançon que porte l'archevêque Hugues Ier amène à croire que ce prélat avait sur la Cité un pouvoir absolu, incompatible avec l'existence d'une commune organisée.

Mais ce serait aller trop loin, à notre avis, que de supposer avec M. Charmoillaux la disparition complète des hommes libres à Besançon ; c'est au contraire dans leur maintien que nous voyons la source du pouvoir de juridiction criminelle et civile qu'exerceront plus tard les gouverneurs. Le peuple, en effet, a toujours conservé une certaine part dans l'administration de la justice.

Quand les conquérants barbares se partagèrent la Gaule, ils trouvèrent les Sénats des villes en possession du droit de rendre la justice ; l'influence des coutumes germaines devait modifier cette institution en lui ren-

(1) La procédure en cours devant les tribunaux était toute germaine ; jusqu'au milieu du XIIe siècle on y constate le duel judiciaire, le jugement par l'eau chaude ou froide, par le fer rouge, par le glaive. (CASTAN, *loc. cit.*, p. 73.)

dant, dans une large mesure, le caractère démocratique qu'elle avait perdu dans les derniers siècles de l'Empire ; les barbares apportaient, en effet, avec eux le principe du jugement par les pairs ; la justice était rendue par le peuple réuni en assemblées appelées *mallus* ou *mallobergus* (1), sous la présidence d'un magistrat élu, le *thunginus* ou *centenarius;* la sentence était prononcée par des personnages spéciaux, en général au nombre de sept, les *rachimburgi;* c'étaient eux qui jugeaient et le rôle du peuple se bornait à confirmer la sentence par ses acclamations ou à la désapprouver par ses murmures ; quant au comte, il existe déjà, mais il n'intervient que pour l'exécution du jugement.

Au contact de ces mœurs nouvelles, la curie perdit son caractère de caste fermée et l'entrée en fut ouverte à tous les hommes libres ; son assimilation avec le *mallus* ne devait pas tarder à devenir complète et elle subit la même évolution que lui. Cette évolution est caractérisée par le développement des pouvoirs du comte ; c'est lui désormais qui siège au tribunal et qui intervient dans la sentence ; le peuple, cependant, continue à y avoir sa part ; avec le comte siègent, en effet, un certain nombre de notables élus par les hommes libres et qui portent le titre soit de *boni homines*, soit de *rachimburgi;* dans certains cas particulièrement importants, c'est encore l'assemblée générale des citoyens qui statue.

Contrairement à l'opinion de Castan, nous ne croyons pas que la grande réforme de Charlemagne, transformant les *rachimburgi* en un collège permanent d'échevins, ait eu son application à Besançon ; d'une part, aucun texte n'en mentionne l'existence, et, d'autre part, elle serait en contradiction avec la Sentence de Mayence

(1) Esmein, *Cours élémentaire d'Histoire du Droit français*, p. 77.

qui nous montre les citoyens désignant dans chaque procès quelques-uns d'entre eux pour statuer. L'examen de quelques documents du XIe et du XIIe siècle vient confirmer notre opinion.

Nous avons dit qu'après la disparition des comtes de Besançon, leurs pouvoirs étaient passés au vicomte et à l'archevêque ; les comtes de Bourgogne avaient également revendiqué une portion de l'héritage, et des textes puisés dans le cartulaire de Romainmolier et reproduits par Duvernoy et Castan nous les montrent tenant encore parfois à Besançon, au commencement du XIe siècle, des plaids généraux ; les assesseurs du tribunal sont pris moitié parmi les officiers du comte, moitié parmi les hommes de l'archevêque.

Deux documents se rapportant à des procès qui eurent lieu en 1102 et 1124 devant le tribunal de l'archevêque (Régalie) mentionnent la présence au jugement des hommes de l'archevêque qui approuvent et confirment la sentence, mais ne font aucune mention d'échevins permanents ou de personnages analogues [(1)].

Un troisième document extrait du cartulaire de l'abbaye de Bellevaux nous éclaire d'une façon très précise sur la part prise par le peuple dans l'administration de la justice au XIIe siècle, avant la Sentence de Mayence. Il nous rapporte les incidents que provoqua un procès intervenu en 1181 entre la communauté des citoyens de Besançon et les religieux de Bellevaux, pour la possession de la grange de Braillans, située dans la forêt de Chailluz ; les adversaires comparaissent à ce sujet devant le tribunal de l'archevêque. Le monastère prouve par témoins qu'il possède l'immeuble depuis

(1) Archives du Doubs, fonds Sainte-Madeleine, dans CASTAN, p. 142; dans CHARNOILLAUX, p. 23.

plus de 30 ans, mais les citoyens soutiennent que cette prescription n'est pas applicable, car elle ne peut être invoquée contre les Eglises de la ville dont les intérêts sont communs aux leurs en l'espèce. En même temps, les citoyens demandent à ce que les juges soient pris en nombre égal parmi eux et parmi les moines ; l'archevêque s'opposant à leurs prétentions, ils provoquèrent une véritable émeute et l'audience dut être levée sans que le procès ait pu être jugé (1). De ces textes, nous pouvons conclure que les citoyens avaient toujours conservé le droit de prendre une certaine part à l'administration de la justice en désignant parmi eux des assesseurs pour les différents tribunaux de la Cité.

L'épiscopat d'Hugues Ier marque l'apogée du pouvoir des archevêques ; sous ses successeurs, les hommes libres qui ont subsisté, unis aux descendants affranchis des serfs transportés pour peupler le Bourg, entreprennent une lutte continue et persévérante pour reconquérir leurs droits communaux, dont le souvenir n'avait jamais dû s'effacer entièrement. Un traité de 1177 nous donne une idée du chemin parcouru en moins d'un siècle ; par cet acte, la commune, déjà reconstituée, règle avec l'archevêque la succession des mainmortables qui meurent dans la Cité sans laisser d'enfants. Le prélat prétendait que ces biens devaient lui revenir, les citoyens, se fondant sur la franchise de Besançon, soutenaient qu'aucun seigneur n'y pouvait prendre des droits de mainmorte ; l'archevêque renonça à ses prétentions moyennant une rente annuelle (2).

Quelques années plus tard, la Sentence de Mayence reconnaissait officiellement l'existence de la commune.

(1) Cartulaire de l'abbaye de Bellevaux, dans CASTAN, p. 167.
(2) DUNOD, *Histoire de l'Eglise de Besançon*, p. 161.

Elle intervint à la suite des abus dont le vicomte et le maire se rendaient coupables dans l'administration de la justice. Les citoyens eurent l'avantage d'être soutenus dans cette circonstance par le clergé de la ville ; parmi les ambassadeurs envoyés à Mayence, auprès de l'empereur Henri VI, figurait, à côté des représentants des citoyens, un moine délégué par les différents chapitres et abbayes de la ville.

L'affaire parut si grave que le vicomte et le maire jugèrent opportun de se rendre en personne à la cour impériale pour défendre leur cause ; ce fut après avoir reçu les explications des deux parties et après avoir pris l'avis des grands dignitaires de l'Empire qu'Henri VI rendit, en 1190, la sentence qui devait porter le nom de Sentence de Mayence.

Avant d'étudier en détail cette charte si importante, il est nécessaire d'examiner rapidement la question de son authenticité. Castan, en effet, a soutenu qu'elle était l'œuvre d'un faussaire du XIVe siècle. Il s'appuyait sur un certain nombre de preuves qu'il divisait en extrinsèques et intrinsèques ; énumérons celles qui auraient pu paraître décisives : aucune mention de cette sentence n'existe ailleurs que dans Dunod, qui déclare l'avoir recopiée sur un *vidimus* de l'abbaye Saint-Paul, aujourd'hui disparu ; les formules employées ne sont pas celles qui figurent ordinairement dans les documents de cette époque : il manque, entre autres, un certain nombre de formules invocatoires ; l'empereur concède aux chapitres et aux abbayes un privilège de juridiction dont ils jouissent depuis longtemps déjà ; le mot rue du Chateur, qui n'existe pas encore au XIIe siècle, prouve que la charte a été fabriquée plus tard par un faussaire (1).

(1) CASTAN, *Origines de la commune de Besançon*, p. 108.

M. Charmoillaux a victorieusement réfuté ces arguments et établi l'authenticité indiscutable de la Sentence ; il en a, en effet, découvert un nouvel exemplaire classé aux archives de la Chambre des Comptes, dans lequel, précisément, le mot Chateur qu'invoquait Castan, à l'appui de son opinion, est remplacé par le mot Chatol, qui cadre parfaitement avec les faits ; l'absence de certaines formules s'explique fort bien, Castan le reconnaît lui-même, par une mesure d'économie de la part du copiste ; elles sont d'ailleurs plus complètes dans le nouvel exemplaire ; enfin, en ce qui concerne la juridiction des Chapitres et des Abbayes, M. Charmoillaux prouve par des exemples nombreux que, bien souvent, dans des cas analogues où il n'y avait lieu qu'à confirmation, les chartes sont rédigées en des termes qui semblent indiquer une concession nouvelle (1).

L'authenticité de la Sentence de Mayence ne paraît donc pas pouvoir être mise en doute ; aucun auteur, d'ailleurs, à part Castan, n'en a suspecté la véracité. Nous allons en donner une analyse aussi exacte que possible en nous servant du texte rapporté par Dunod (2).

Elle débute en nous indiquant que l'empereur Henri VI se trouve à ce moment à Mayence où, entouré des seigneurs de sa cour, il tranche à son tribunal les questions qui intéressent ses sujets. Il est saisi précisément des plaintes que lui adressent les doyens de Saint-Etienne et de Saint-Jean, l'abbé de Saint-Vincent, le prieur de Saint-Paul, les chanoines de Sainte-Madeleine et ses très chers citoyens de Besançon, contre le vicomte et le maire ; ces deux magistrats, chargés de rendre la justice dans la ville au nom de l'empe-

(1) Charmoillaux, *op. cit.*, p. 24.
(2) Dunod, *Histoire de l'Eglise de Besançon*, preuves.

reur, commettent à l'égard des ecclésiastiques et des citoyens toutes sortes d'abus, les arrêtant et les condamnant suivant leur fantaisie et avec le plus complet arbitraire.

C'est pourquoi, après avoir pris conseil des ducs, marquis, comtes et autres nobles de sa Cour, et avoir entendu les explications du comte Othon de Bourgogne, défendant les intérêts de l'archevêque de Besançon (1), l'empereur prend les décisions suivantes :

Les doyens et chanoines des cathédrales, l'abbé de Saint-Vincent, le prieur de Saint-Paul et les chanoines de Sainte-Madeleine auront désormais le droit de juger toutes les causes civiles intéressant ceux de leur corps, leurs domestiques ou leurs hommes dans la ville de Besançon ; un droit plus étendu est accordé aux chapitres des églises cathédrales de Saint-Jean et de Saint-Etienne qui acquièrent la juridiction criminelle sur les clercs qui en dépendent ; l'abbaye de Saint-Paul voit confirmer le droit de haute et basse justice sur son enclos et sur la rue Saint-Paul que lui avaient déjà octroyé des chartes antérieures ; toutefois, ces pouvoirs de juridiction ne sont accordés qu'à charge de respecter les institutions de la Cité.

Les citoyens, de leur côté, bénéficient de garanties sérieuses, destinées à les protéger contre l'arbitraire des magistrats ; chaque fois que l'un d'eux sera accusé par devant l'archevêque (Régalie), le vicomte ou le maire, la procédure, lorsqu'elle aura été instruite, devra être renvoyée à des juges non suspects de partialité, élus spécialement pour chaque affaire parmi les citoyens ; ce sont ces jurés qui rendront la sentence définitive dont l'exécution incombera aux magistrats ;

(1) L'archevêque Thierry était parti pour la croisade.

lorsque le procès intéressera toute la commune, l'affaire devra être renvoyée devant l'empereur.

Les citoyens auront le droit d'élire un conseil de prudhommes et de notables pour gouverner les affaires de la Cité : *Liceat ipsis civibus, de se ipsis eligere meliores et discretiores, qui jurati regant et procurent negotia civitatis.* C'est là, pour eux, une conquête de grande importance, c'est la reconnaissance de la commune, pouvoir nouveau qui se dresse en face de l'archevêque. C'est aux citoyens, désormais, qu'appartiennent la garde et la défense de la Cité ; l'archevêque ne peut plus introduire aucune nouveauté dans la ville sans la permission de l'empereur et le consentement des habitants, et les bans ou proclamations qui seront publiés devront l'être tant en son nom qu'en celui de la Cité ; les citoyens acquièrent enfin la police des rues ; si le mot n'est pas expressément prononcé, le diplôme n'en reconnaît pas moins ce droit aux prudhommes en les autorisant à faire détruire tout ce qui serait construit dans la ville ou en dehors et serait de nature à causer quelque dommage à la Cité.

En résumé, la Sentence de Mayence reconnaît l'existence de la commune, mais nous ne croyons pas qu'elle en ait été la créatrice ; depuis plusieurs années déjà, cette commune s'était reconstituée et rien ne s'oppose à ce que l'on reconnaisse dans cette reconstitution rapide l'influence du souvenir des antiques libertés municipales ; cela expliquerait d'ailleurs le pouvoir de police des gouverneurs qui leur aurait été accordé par analogie avec celui que possédait autrefois le *defensor civitatis.*

Il est impossible, au contraire, de rattacher à la curie romaine, qui ne présente aucun caractère analogue, le pouvoir de juridiction criminelle et civile des gouverneurs ; ce pouvoir ne leur appartient d'ailleurs encore pas en 1190 ; à cette date, il est exercé directement par les citoyens qui élisent des jurés spéciaux pour chaque affaire ; c'est là une institution qui dérive très vraisemblablement des coutumes germaines sur le jugement par les pairs.

CHAPITRE II

PROGRÈS ET LUTTES DE LA COMMUNE

Suppression de la commune en 1235. — Les alliances. — La guerre avec l'Empire. — Charte de Rodolphe (1290). — Diplôme de Charles IV (1364). — Diplôme de Venceslas (1398). — Traité de gardienneté de 1451.

En 1190, nous nous trouvons donc déjà en présence d'une commune organisée ; elle est administrée par des prudhommes élus, les citoyens ont la garde des portes, enfin, privilège très important, l'archevêque ne peut établir dans la ville aucune nouveauté sans l'assentiment des citoyens. La lutte, cependant, ne fait que commencer, l'archevêque s'efforçant de reconquérir les droits que lui ont arraché les citoyens, ceux-ci, au contraire, aspirant à secouer entièrement un joug qu'ils considèrent comme odieux ; ils vont trouver des alliés précieux dans les comtes de Bourgogne avec lesquels, dès les premières années du XIIIe siècle, ils signent un traité d'alliance (1) ; ils vont être favorisés surtout par les querelles pour la possession du siège archiépiscopal qui, pendant plus d'un siècle, vont diviser les chapitres de Saint-Jean et de Saint-Etienne (2).

(1) CHARMOILLAUX, *loc. cit.*, p. 40.

(2) JACOB, *Le Royaume de Bourgogne sous les Empereurs franconiens*, p. 114.

La compétition avait éclaté à la fin du XIe siècle ; l'église de Saint-

Le prétexte de la révolte fut encore une question de juridiction ; les citoyens se plaignaient de ce que le maire et le vicomte accaparaient les procès, alors qu'ils préféraient les faire juger par un conseil de quatre des leurs (1). L'archevêque Gérard de Rougemont, oncle du vicomte, prit le parti de son neveu ; les habitants de Besançon, excités par Jean de Chalon, prêtèrent le serment communal et occupèrent les biens de l'archevêque, qui dut s'enfuir en jetant l'interdit et l'excommunication sur la ville. Ces mesures n'ayant pas eu d'effet, il eut recours à l'empereur qui, par un décret du 23 septembre 1223, supprima la commune, la déclara rebelle et la mit au ban de l'Empire.

La sentence ne semble pas avoir reçu d'application, car, en 1224, nous voyons la commune s'allier avec Jean de Chalon. L'archevêque Gérard mourut sans avoir pu rentrer dans sa ville. Son successeur, Jean Halgrin, homme énergique, reprit la lutte ; après des péripéties inconnues, les citoyens durent se rendre à merci ; les conditions qu'on leur imposa furent rigoureuses ; la commune était révoquée et le serment communal annulé ; une amende de 600 livres frappait la ville ; cent notables, en chemise, durent faire en pénitents le chemin qu'aurait dû parcourir l'archevêque Gérard depuis la porte de la ville jusqu'à l'église et là recevoir, à

Etienne ayant été détruite par un incendie, celle de Saint-Jean avait hérité du siège archiépiscopal ; elle refusa de le restituer après la reconstruction de l'église incendiée ; l'archevêque de Vienne, qui avait résidé à Besançon pendant quelques années, fut choisi comme arbitre ; il réunit en 1115 un concile à Tournus, qui conclut en faveur de Saint-Jean ; l'église rivale se plaignit à l'empereur : Henri V lui donna raison ; et, contre toute attente, sa sentence fut approuvée par le pape ; elle ne mit cependant pas fin au conflit qui dura encore de longues années ; la fusion des deux chapitres en un seul put seule y mettre un terme.

(1) CHARMOILLAUX, *loc. cit.*, p. 43, d'après l'Inventaire du Chapitre.

genoux, des coups de verge de la main de l'archevêque (1).

La commune survécut cependant à cette condamnation et à cette humiliation ; en 1228, en effet, elle paie à Jean de Chalon les cent livres, prix annuel de son alliance ; elle continue à effrayer l'archevêque, et le successeur de Jean Halgrin, Nicolas de Flavigny, n'ose, par crainte d'une émeute, se faire consacrer dans la cathédrale de Saint-Jean. En 1231, il se rend en personne à Ravennes pour solliciter de l'empereur une nouvelle révocation de la commune ; en 1232, les troubles recommencent et l'archevêque jette encore l'interdit et l'excommunication sur la ville ; cependant, jugeant plus prudent de ménager la commune dont la force augmente de jour en jour, il consent, d'accord avec elle, à accepter l'arbitrage de l'évêque de Langres.

En 1253, sous l'épiscopat de Guillaume de la Tour, la lutte reprend plus énergique que jamais. L'empereur Guillaume de Hollande, brouillé avec l'archevêque, a accordé à Jean de Chalon, comte de Bourgogne, les régales de Besançon ; il était fort difficile de préciser ce que comprenaient exactement ces régales, aussi Jean de Chalon et les Bisontins interprétèrent cette donation d'une façon très large et se considérèrent comme entièrement dégagés de la souveraineté de l'archevêque.

Jean de Chalon installa un tribunal à Besançon et interdit aux plaideurs de porter leurs différends devant celui de l'archevêque.

Les citoyens rétablirent la commune, levèrent des impôts, créèrent une caisse communale : « Ils ont un » tribunal et y rendent la justice en public contre toutes » les règles de l'équité, du droit écrit. Les témoins

(1) Société d'émulation du Doubs, 1871, p. 472.

» entendent les dépositions les uns des autres ; si le » deuxième témoin ne répète pas mot à mot la dépo» sition du premier, son témoignage est considéré » comme nul et quand le procès a été instruit incomplè» tement et illégalement, les juges portent la sentence » suivant leur bon plaisir (1). » L'empereur se vit obligé d'intervenir, déclara qu'il n'avait accordé à Jean de Chalon que les revenus impériaux de Besançon et qu'il n'avait enlevé aucun pouvoir à l'archevêque. Le 7 novembre 1255, il révoqua toutes les coutumes nouvelles, remit en vigueur la procédure traditionnelle et arrêta les progrès municipaux.

Mais à la mort de l'empereur, en 1257, l'archevêque fut livré à lui-même et la lutte reprit aussitôt. Guillaume de la Tour, après avoir excommunié la ville, dut s'enfuir et se réfugia à Gy où le poursuivit Jean de Chalon ; il implora alors l'assistance du pape. Celui-ci intervint en sa faveur ; dans la sentence qu'il prononça, il fit le procès de la commune de Besançon, la révoqua et excommunia un certain nombre de seigneurs qui avaient soutenu la cause des révoltés. Ces mesures n'auraient peut-être pas eu plus de succès que les précédentes si le pape n'eut pris la précaution de charger le roi de France saint Louis de faire exécuter la sentence Les révoltés comprirent que toute résistance serait inutile ; Jean de Chalon se soumit le premier et sa soumission entraîna les autres.

Il est cependant certain que la commune, malgré toutes les révocations dont elle fut l'objet, ne disparut pas ; elle a ses prudhommes, ses finances, sa justice ; elle fait des guerres, conclut des alliances et appose son sceau au bas des traités ; en 1264, elle signe un traité de

(1) Charmoillaux, *loc. cit.*, p. 53, d'après l'Inventaire du Chapitre.

garde avec le duc de Bourgogne ; celui-ci, moyennant un cadeau annuel, s'engage à soutenir la commune, à protéger les citoyens, à garantir leurs franchises, à faire respecter leurs privilèges et, en particulier, celui de juridiction. Toute la fin du XIIIe siècle est remplie de guerres et d'émeutes, d'alliances et de traités. En 1289, la ville fut entraînée par ses alliés dans la lutte contre l'empereur Rodolphe de Habsbourg ; celui-ci vint en personne mettre le siège devant Besançon ; mais, au bout de huit jours, il renonçait à son entreprise et se repliait sur l'Allemagne.

Dès le printemps de l'année suivante, il chargea Jean de Chalon, devenu son partisan, de recommencer le siège ; la commune prit d'énergiques mesures de défense ; toute la population travailla à remettre les remparts en état ; un gouverneur siégeait en permanence à l'Hôtel de Ville ; c'est à cette époque que fut établi le registre municipal, le plus ancien document que nous possédions sur la commune, sur lequel étaient relatés au jour le jour tous les faits importants qui se produisaient à Besançon.

Cependant, après un blocus de plusieurs mois, la ville, abandonnée par son allié, le comte Othon IV de Bourgogne, qui refusait de tenir ses engagements, se décida à traiter ; elle demanda une trêve qui lui fut accordée ; les citoyens en profitèrent pour adresser à l'empereur une supplique dont le texte nous a été conservé par le registre municipal. Dans cette requête, ils énumèrent toutes les franchises dont ils jouissent et dont ils sollicitent la confirmation :

« 24 avril 1290.

» Cou sunt noz franchisses et noz custumes et cou que nos havons ussé dès le tens du quel on ne est mémoire ; cou est cou que li prodomes de Besençon et li citiens requèrent à très aut prince et soverain Raou, roi des Romains et général amenestrour des biens de l'Empire de Rome de l'autorité l'aipostoille, qu'il lour outraoist et confirmeist :

» Prumeremont que li citiens et li cité de Besençon soient sougist à l'Emperraour des Romains sent nul maiain ; la quel chosse li diz citiain aferment qui sunt et ont esté dès le tens qui n'est mémoire, et est en la devine escristure des glorious martis saint Ferjeul et saint Ferreul qui convertirent la cité des paiains à la cristienté.

» Item après, li estat de la menoie de Besençon ne puisse estre changiez par force de seignor, mès doit touz jors demeurer en som droit pois et en som droit aloy, cou est asavoir a III deniers et maille de loiemant et XVII soz IIII deniers lou mart de Coloingne de pois ; et que la dite menoie ne se puisse faire fors que danz la cité de Besençon.

» Item que li prodommes de Besençon aient les cles des portes de la cité de Besençon et doivent avoir, ausi come ils les ont au touz jors et le droit de l'avoir et du garder.

» Item que li diz citiens aient communité ou université, arche commune et seal de communité et cloches et bannères et que li prodomes de Besençon puissent alere 1 ou plusors por governer et ordonner les comunes beissoingnes de la cité et faire prisses et huances entre lour et avoir deniers communs por faire lors beissoingnes.

» Item que li juges du Régaule et des autres justisses séculers de Besençon ne doient ne poient jugier par interlocutore ne par sentence défenistive, mais que par les citiains de Besençon qui doivent estre envoié à jugement par trois fois du seignour sor chascune cause ; et cou qui est jugiez et escordez par les diz citiains par acune des trois fois desuis dites doit estre tenuz senz nul appel et menez à asséeucion par le seignour ; et se li prodomes ne escordent par acune des trois fois, li jugemanz vient à seignour.

» Item que justisse desuis dite ne puist demander senz escussor, se n'est de grime noitore ou de arme amoluie por férir ou por faire ayme du férir ; et se droiz ou jugemanz i aféroit, li sires i doit envaier les citiens de Besençon et nun autrui par III fois, ausi com il est desuis diz.

» Item que li diz citiens poient et doient de leur atorité, danz la cité de Besençon et de fors gaigier ces de fors por lor daiz et por lor torz faiz, et panre les homes taillables et lors chosses par les doites à lour seignours ; et pouient et doient li diz citiains panre ou acuns de lor ces de fuers por lor meffait qu'il ou acuns de lor arrient fait ès citiens de Besençon ou acun de lor par droit faiçant par lor justisses de Besençon danz la cité.

» Item que justisse de Besençon ne poient mestre banc se poinne ne faire escrier, se n'est par la requeste des prodomes de Besençon.

» Item que li rois desuiz diz, come amisnistrère des biens de l'Empire, resparloit que ques dons qu'il, ne sui devantiers aient fait qui soient noissanz ne grevanz à la cité de Besençon ne ès diz citiens.

» Item que justisses séculers de Besençon ne ont sor les citiens de Besençon ne poient avoir ne doient for que III mennères de amandes pecunias, cou est asavoir : III soz par la coutumasce ou por estre convincuz en cause ceville ; item la seconde IX soz por sanc prové et estain par sempte définitive par devant le seignour ; item la tierce de LX soz por arme amoluie quant om en flert ou fait ayme de férir, se convincuz en est par devant le seignour.

» Item que tuit cis qui saront demoranz en la cité de Besançon soient de la prisse et de la misse du comon de Besençon.

» Item que l'arcevesques de Besençon ne peut ne ne doit vandre vin por son banc que douze meys de vin du crus de l'anneie sain et nest, ne des plus chiers pris, ne des plus vis, à nostre mesure de Besançon.

» Item requerons de graice danz la cité de Besançon que noz puissiens faire dous fors et uns molins, li que soient à la dite cité et ès citiens.

» Cis transcris fut faiz lendemain de la Saint Jorge, l'ant qui corroit par M II^{c} et III^{xx} et diz, ou mois d'avri.

» H. Cuignaz. »

On ne peut s'empêcher de remarquer l'habileté avec laquelle est préparée cette requête ; elle débute, en effet, en sollicitant l'empereur de reconnaître que les citoyens de Besançon sont soumis directement à sa puissance, « sans nul maiain », et elle invoque à l'appui de sa demande la tradition constante et même l'autorité de « la devine escristure des glorious martis saint Ferjeul et saint Ferreul ».

L'empereur ne pouvait manquer d'être flatté de cette souveraineté immédiate que les Bisontins lui reconnaissaient de toute antiquité, et par là même était amené à sacrifier l'archevêque, intermédiaire désormais inutile entre la commune et lui.

Si nous comparons la requête de 1290 à la Sentence de Mayence, rendue exactement un siècle auparavant, nous ne pouvons manquer d'être frappés des progrès considérables accomplis en cent ans par la commune.

Le droit de faire juger les procès par les citoyens que la Sentence de Mayence n'admettait que pour les procès criminels est désormais étendu également aux procès civils ; les restrictions qui permettaient aux magistrats de statuer eux-mêmes en cas de délit flagrant sont atténuées en ce sens que, même dans ce cas, le citoyen poursuivi peut demander à être jugé par les citoyens ; le taux des amendes, que pour certaines infractions les juges séculiers peuvent encore prononcer, est rigoureusement fixé par la coutume. Enfin, dès cette époque, nous constatons que les gouverneurs sont parvenus à mettre complètement la main sur la juridiction municipale ; il n'est plus question de renvoyer les procès à des jurés spéciaux ; ce sont les « prodomes » qui restent seuls investis du droit de statuer.

Le succès dépassa toutes les espérances. L'empereur, après avoir fait attendre quelque temps sa décision. ratifia, le 5 juin 1290, toutes les revendications de la commune. Sur un seul point nous trouvons dans la charte de coutumes qu'il octroya aux citoyens une légère différence avec les revendications par eux formulées : il augmente le pouvoir des justices séculières en leur accordant, en cas de blessures faites avec armes émoulues, outre l'amende de 40 sous, le droit de faire trancher le poing du délinquant ; il convient d'ajouter, d'ailleurs, que celui-ci a toujours le droit d'en appeler au jugement des citoyens (1).

L'archevêque ne pouvait se consoler des atteintes toujours plus graves que la commune portait à ses droits. Il préparait sa revanche en faisant élever un château-fort au sommet de Rosemont, une des montagnes qui dominent la ville. Mais les citoyens s'étaient fortement organisés depuis la dernière campagne ; quelques jours à peine après que l'archevêque se fut installé en grande

(1) Castan, *Origines de Besançon*, p. 183, d'après les Archives de la ville.

pompe dans son nouveau château, ils en firent le siège, l'obligèrent à capituler et le renversèrent de fond en comble ; les pierres de la forteresse servirent à réparer les remparts de la ville (1) ; un quatrain de l'époque, rapporté dans les registres municipaux, célèbre la victoire des citoyens :

Mil trois cens ostez-en neuf
Sur Rozemont veit chastel neuf
Ne demeura trois jours ou quatre
Que le chastel ne veis abattre.

L'archevêque dut céder et s'incliner devant le fait accompli.

Ce ne fut pas toutefois sans difficultés que la commune put jouir des droits qui lui avaient été reconnus ; les puissants seigneurs qui détenaient les différentes justices de la Cité ne se faisaient pas faute de violer les termes du traité. En 1307, Jean de Chalon qui, depuis 1295 et 1299, a réussi à accaparer les deux juridictions de Vicomté et Mairie, s'arroge le droit de faire comparaître devant son tribunal les prudhommes de Besançon comme responsables des dommages causés par les citoyens qui avaient abattu plusieurs maisons revendiquées par l'archevêque ; les prudhommes ayant fait défaut, Jean de Chalon fit condamner la commune à une amende de 20.000 livres estevenantes qu'elle refusa de payer. Grâce à la médiation du sire de Montfaucon, un compromis intervint (2).

M. Charmoillaux, auquel nous avons emprunté ce premier document, nous rapporte également, d'après les

(1) Dunod, *Histoire de l'Eglise de Besançon.*
(2) Charmoillaux, *Etablissement de la commune de Besançon*, p. 94, d'après les Archives départementales, B. 500.

archives départementales, un nouveau procès fertile en incidents et qui nous montre combien fréquents étaient encore à cette époque les conflits de juridiction :

« Quelques citoyens de Besançon avaient saccagé le magasin de sel de Jacquet Guibert, de Battant. Aussitôt, les divers officiers de justice apparurent. Le délit avait été commis de grand jour et en public ; à qui allait revenir le jugement ? Les officiers du Vicomté, de la Mairie, de la Régalie s'attribuèrent l'affaire comme juges ordinaires de la Cité. Mais Guibert s'était mis sous la protection de la comtesse d'Arlay, veuve de Jean de Chalon-Arlay, et sous celle de l'archevêque. Aussi le bailli de la comtesse et les gens de l'archevêque réclamèrent part au procès. Enfin la commune prétendit avoir le droit de juger ses citoyens et envoya quelques-uns s'adjoindre aux juges déjà trop nombreux (1).

» Il fallut encore que le sire de Montfaucon intervint et, grâce à sa médiation, une commission extraordinaire fut établie. »

Malgré ces obstacles, malgré une lutte malheureuse contre Jean de Chalon dont les troupes, s'il faut en croire la chronique, « occirent de glaive, en un seul jour, plus de mille personnes des citoyens », la commune n'en continuait pas moins ses progrès et obtenait, en 1364, de l'empereur Charles IV, un nouveau diplôme qui vint encore accroître ses privilèges (2).

Il tranche d'abord la question du tribunal de Régalie, en déclarant que ce tribunal a appartenu et appartient de toute ancienneté à l'empereur et au Saint-Empire,

(1) CHARMOILLAUX, *loc. cit.*, p. 95; Archives départementales, B. 500.

(2) *Les Privilèges des citoyens et de la cité impériale de Besançon*, traduicts de latin en françois par ordre de Messieurs les Président et vingt-huict notables de la cité (brochure de 31 pages imprimée en 1644), p. 14.

que les autres juridictions de la Cité, Vicomté et Mairie, sont sous sa dépendance et que l'on peut appeler devant lui de leurs jugements.

Puis il énumère, en les confirmant, tous les privilèges dont jouit déjà la Cité : suzeraineté immédiate de l'empereur ; droit de battre monnaie ; garde des clefs des portes ; sceaux et cloches pour la commune ; administration par des gouverneurs élus par tous les citoyens ; droit de lever des impôts et d'administrer ses finances à son gré ; privilèges de juridiction.

Il augmente les pouvoirs des gouverneurs en leur permettant de faire détenir en prison, de leur propre autorité, tout individu qui se rendrait coupable d'infractions à leurs mandements ou contreviendrait aux privilèges de la Cité ; cet emprisonnement peut avoir une durée illimitée, puisqu'il peut se prolonger jusqu'à « ce qu'ils soient venus à satisfaction ou qu'ils ayent esté amendés touchant leur désobéissance et délit ».

Le diplôme annule le traité passé avec Jean de Chalon et ses héritiers « parce que lesdites pactions furent faictes par force et violence et crainte dudit Jean ». Il autorise enfin les citoyens à faire, pour la défense de la ville, « pactions, conventions, promesses et alliances telles qu'il leur plaira, avec qui bon leur semblera ».

Si importantes que fussent ces concessions, elles furent encore dépassées par celles que leur octroya l'empereur Venceslas dans son diplôme du 3 mai 1398 (1).

Après avoir rappelé tous les services rendus par la cité de Besançon à l'Empire et la fidélité qu'elle lui a constamment témoigné, l'empereur fait défense à l'archevêque Girard de se dire seigneur de Besançon et

(1) *Les Privilèges des citoyens*, p. 8.

cela sous peine de perdre son temporel et ses droits de Régalie. En pareil cas, ce seront les gouverneurs de Besançon qui, de leur propre autorité, prendront, au nom de l'empereur, possession de la Régalie.

Les archevêques sont en outre astreints, dans l'année qui suivra leur installation, à prêter le serment de fidélité à l'empereur ; la même sanction qu'en l'article précédent est attachée aux infractions à cette obligation, et la mainmise des gouverneurs sur la Régalie et la juridiction qui en dépend devra se prolonger jusqu'à ce que l'archevêque se décide à prêter l'hommage exigé.

Même sanction encore, c'est-à-dire mainmise des gouverneurs si l'archevêque ou un autre des justiciers temporels ou séculiers de la Cité contrevient aux droits du Saint-Empire ou aliène ou tâche d'aliéner quelque chose des droits et biens féodaux du Saint-Empire.

Le diplôme énumère ensuite un grand nombre de garanties accordées aux citoyens contre l'arbitraire des justices séculières, que nous aurons l'occasion d'examiner plus tard en détail.

Revenant à l'archevêque Gérard, il lui donne l'ordre de se désister immédiatement de tous les procès qu'il a intentés contre la commune ; il reconnaît à celle-ci le droit de fortifier ses murailles, d'avoir une maison de ville, des halles publiques, une prison, des sergents ; chaque habitant pourra posséder chez lui des mesures pour le blé et les légumes, sans être contraint de payer l'éminage à l'archevêque.

Il examine les conditions nécessaires pour qu'un étranger réfugié à Besançon acquière le titre de citoyen, et au cas où ce nouveau citoyen aurait été précédemment un mainmortable, il fixe les biens dont il pourra disposer à sa mort.

Pour permettre à la Cité épuisée par les guerres de

revenir à la prospérité, il autorise l'établissement de quatre foires annuelles qui dureront huit jours chacune et auront lieu sur la place Saint-Pierre, devant l'Hôtel de Ville ; pour y attirer les marchands, il promet à tous ceux qui s'y rendront ou en reviendront des sauf-conduits et la protection spéciale de Sa Majesté l'Empereur.

Tous les privilèges qui exemptaient d'impôts certains nobles et prêtres résidant dans la Cité sont supprimés ; les gouverneurs pourront les taxer tout comme les autres citoyens.

En terminant, il autorise les gouverneurs et les citoyens à refuser d'obéir aux injonctions de l'archevêque et des autres juges séculiers de la Cité, lorsqu'elles seront contraires à leurs privilèges.

Les gouverneurs de Besançon ne devaient pas tarder à mettre en pratique les nouveaux droits que leur conférait le diplôme de Venceslas. Prétextant des abus dans l'exercice de la justice et le défaut d'investiture de l'archevêque Thiébaud de Rougemont, ils saisirent, en 1406, la justice de Régalie ; ils allèrent même plus loin et interdirent aux citoyens de comparaître devant l'official (1).

Thiébaud eut d'abord recours aux armes de l'Eglise ; il jeta l'interdit sur la ville de Besançon et se retira à Gy avec sa cour et ses officiers ; les gouverneurs ne se laissèrent point intimider par ses menaces et intimèrent aux chanoines demeurés à Besançon l'ordre de continuer les offices divins ; ceux-ci refusèrent et, craignant la vengeance des citoyens, se réfugièrent à Quingey ; les gouverneurs n'en persistèrent pas moins dans leur entreprise ; en 1409, ils s'emparèrent des églises de Saint-Jean et de Saint-Etienne après avoir fait inventaire

(1) D'Auxiron, *loc. cit.*, p. 46.

des vases sacrés et ornements qui s'y trouvaient et saisirent les revenus du chapitre.

L'archevêque se résolut alors à faire appel au duc de Bourgogne qui avait déjà le titre de gardien de Besançon et remit entre ses mains la juridiction de Régalie (1). Le duc s'empressa d'accepter et en 1412 il intima aux gouverneurs de Besançon l'ordre de délaisser à l'archevêque la jouissance de tous les biens, dimes, fiefs, etc., dépendant de la Régalie ; devant les menaces du duc, les gouverneurs cédèrent, mais ce succès coûtait cher à l'archevêque car, comme prix de son intervention, le duc exigeait que la justice de Régalie lui appartînt désormais (2).

Ce ne fut qu'en 1421 que, cédant aux instances du pape, il consentit à restituer la Régalie à Thiébaud de Rougemont et à ses successeurs, mais à charge et condition qu'elle ne pourrait être aliénée qu'au profit des comtes de Bourgogne.

Les incidents qui avaient marqué le début de l'épiscopat de Thiébaud se renouvelèrent en 1429, lorsque Jean de la Rochetaillée eut été désigné pour le remplacer ; les gouverneurs s'étant emparés de nouveau de la Régalie, l'archevêque s'adressa au concile de Bâle ; celui-ci lui accorda son assistance et intervint auprès de l'empereur pour le prier d'interposer son autorité. Les citoyens se décidèrent alors à entrer en composition et, le 10 juin 1435, ils concluaient avec l'archevêque et le chapitre métropolitain le traité dit de Rouen (3).

L'accord se fit aux conditions suivantes :

Les Régales de Besançon appartiennent à l'archevêque et sont tenues en fief de l'Empire.

(1) Gollut, *Mémoires historiques de la république séquanaise*, p. 170.
(2) Archives de la Côte-d'Or, B. 1065.
(3) Dunod, *Histoire de l'Eglise de Besançon*, p. 236.

Il doit y avoir trois officiers pour exercer la juridiction temporelle sur la Cité et son territoire : ce sont le juge de la Régalie, le vicomte et le maire. Ils ont toute justice haute, moyenne et basse.

Ces trois juges connaissent par prévention entre eux de toutes les affaires civiles et criminelles ; chacun d'eux a un lieutenant, un greffier et quatre sergents.

Ils ne peuvent procéder contre les prévenus de crimes que s'ils ont été saisis en flagrant délit, ou accusés dans les formes ; dans les deux cas, le prévenu sera mis en prison sans autre procédure, avec l'accusateur quand il y en aura un ; lorsque les citoyens le demanderont, ils devront être présentés sans délai pour être interrogés par le juge en présence des gouverneurs de la Cité, qui détermineront si l'on doit instruire la cause ou relâcher l'accusé et l'accusateur ; si les gouverneurs estiment qu'il y a lieu de procéder à la question, elle sera donnée devant eux et ils feront l'interrogatoire en présence du juge saisi de l'affaire et de son greffier.

Lorsque le procès aura été instruit, les gouverneurs pourront demander qu'il leur soit communiqué et, après avoir examiné la procédure et les preuves, renvoyer le prévenu ou le condamner en présence du juge et son greffier, dans son auditoire ; après la sentence des gouverneurs, s'il y a quelque exécution à faire, c'est le juge saisi de l'accusation qui en sera chargé.

Lorsque quelqu'un sera pris en flagrant délit, le juge qui aura fait procéder à la capture ou son lieutenant devront faire un inventaire exact de ses biens en présence de deux citoyens à ce commis par les gouverneurs et apposeront leurs scellés ; l'inventaire, d'ailleurs, ne pourra être fait que lorsque les gouverneurs auront décidé que l'affaire mérite d'être poursuivie.

Lorsqu'un prévenu de crime sera condamné à mort ou

au bannissement perpétuel, ou s'il se suicide en prison, ses biens seront confisqués par les gouverneurs au profit du juge qui aura fait la capture et l'instruction du procès, sans préjudice du droit des héritiers sur ces biens.

Les procureurs attachés à chacune des justices pourront poursuivre d'office, par devant l'un des trois juges, la punition des crimes commis avec fer émoulu.

Les gouverneurs auront connaissance et toucheront l'amende des délits commis de nuit lorsqu'ils ne seront pas capitaux ; il en sera de même de ceux qui seront commis de jour ou de nuit contre la Cité ou les ordonnances de ses gouverneurs.

Quant aux crimes capitaux commis pendant la nuit, si le prévenu est arrêté par les citoyens, ils devront le rendre le jour suivant à l'un des juges ordinaires ou à ses officiers.

Les affaires civiles seront portées devant les juges ordinaires, mais si le demandeur ou le défendeur citoyen requièrent que la cause soit renvoyée par devant les recteurs de la Cité pour être par eux jugée, le renvoi leur en sera fait, à charge pour eux de juger dans les soixante jours après que les pièces du procès leur auront été remises, faute de quoi le juge qui aura fait le renvoyer pourra retirer les pièces et juger lui-même.

Les entreprises sur les places, rues et chemins publics sont de la compétence des gouverneurs qui appelleront cependant l'un des juges ordinaires pour instruire le procès avec eux ; mais ils rendent seuls le jugement, lequel sera exécuté par le juge ordinaire qui aura l'amende s'il y en a une d'adjugée.

Le traité mettait également fin à un grand nombre de contestations sur les poids et mesures, les droits sur les foires, le banvin ; il maintenait la rente annuelle de

25 livres payée par la Cité à l'archevêque pour le rachat du droit de caducité ; il déclarait non avenus tous les procès intentés pour la garde des clefs de la ville, les gabelles, tailles et impositions, les successions des bâtards et des étrangers.

Le traité de Rouen fut approuvé par le concile de Bâle qui commit, pour veiller à son exécution, l'évêque de Genève, l'abbé de Saint-Claude et l'official de Lyon.

Un diplôme de l'empereur Frédéric, du 8 août 1441, mit fin définitivement aux incidents que pouvait soulever l'article 1er du diplôme de Venceslas (1) ; il retira aux citoyens le droit de s'emparer de la Régalie dans aucun cas.

La paix ne dura pas longtemps entre la Cité et l'archevêque, qui ne pouvaient parvenir à s'entendre sur l'interprétation à donner à certaines clauses du traité ; en 1451, prétextant l'approche du dauphin de France et le danger que faisait courir à la ville le palais de Bregille appartenant à l'archevêque, les gouverneurs le firent démolir ainsi que l'église et le village pour qu'ils ne puissent servir de point d'appui à l'ennemi ; l'archevêque ne pouvant obtenir réparation du dommage, employa sa tactique habituelle et se retira à Gy en excommuniant la ville.

Les citoyens en appelèrent sans succès à l'empereur et au pape ; celui-ci les condamna à rétablir dans un an le palais de l'archevêque, l'église et le village de Bregille et à payer une indemnité de 16.000 livres, chargeant le duc et comte de Bourgogne de veiller à l'exécution de son décret (2).

Les gouverneurs durent s'incliner et établirent un

(1) D'Auxiron, *loc. cit.*, p. 51.
(2) Dunod, *Histoire de l'Eglise de Besançon*, p. 273.

nouvel impôt pour acquitter le montant de l'amende, mais le peuple refusa de le payer accusant les gouverneurs et les notables d'être seuls responsables des malheurs de la Cité. Excité par quelques meneurs dont le chef était un batteur d'or nommé Jean Boisot, il s'empara de l'Hôtel de Ville où il installa un gouvernement insurrectionnel ; les gouverneurs durent chercher un asile dans la fuite ; ils s'adressèrent au duc de Bourgogne ; celui-ci envoya son maréchal Thiébaud de Neufchâtel pour parlementer avec les révoltés et offrir sa médiation ; il fut fort mal reçu, faillit être assommé par une pierre et eut grand'peine à s'échapper ; il revint bientôt avec de nombreuses troupes, rétablit par la force les gouverneurs et les notables et fit arrêter les meneurs ; leur procès fut jugé à Gray, la plupart furent condamnés à être pendus et leurs têtes exposées sur des lances aux portes de la Cité.

La révolte était vaincue, mais le duc de Bourgogne n'entendait pas rendre un service gratuit aux gouverneurs ; ses prétentions étaient nombreuses ; le duc revendiquait une part prépondérante à la fois dans le gouvernement militaire et dans l'administration de la justice de la Cité.

Le 6 septembre 1451, les gouverneurs, les notables et le peuple rassemblé en grand nombre approuvaient le traité passé avec le maréchal Thiébaud de Neufchâtel (1).

Le duc obtenait pour lui et ses héritiers, perpétuellement, le droit d'avoir à Besançon un capitaine chargé du commandement de toutes les troupes de la Cité. Il obtenait également, et dans les mêmes conditions, la moitié de toutes les gabelles et « la moitié de tous et singuliers profits qui pourraient échoir et avenir à cause

(1) Recueil manuscrit appartenant à M. Billard.

de la justice appartenant à ladite Cité » ; il pouvait instituer des officiers pour percevoir sa part dans les profits de justice et de gabelles et pour le représenter au cas où les gabelles seraient données à ferme.

Il devait être représenté par un commis qui jugerait avec les gouverneurs et sans lequel ils ne pourraient prononcer aucune amende.

Si considérables que fussent ces concessions, le duc ne s'en montra cependant pas satisfait et nous le voyons dès l'année suivante formuler de nouvelles revendications ; les registres municipaux nous en ont conservé l'énoncé (1) :

« Points et articles que le mareschal a quis estre passés au nom de Monseigneur de Bourgogne, associé avec eux es droits des gabelles et profits de justice appartenant à la Cité :

» 1° Le commis de Monseigneur, pour assister et juger avec les gouverneurs, sera assis au plus éminent lieu des sièges ou ont accoutumé seoir les gouverneurs.

» 2° En toutes les cryées qui se feront touchant fait de justice, et aussi es appointements, sentences et prononciations touchant la justice, et non en icelles touchant la police, le commis, pour honneur de Monseigneur, sera le 1er nommé et les sentences seront proférées par luy.

» 3° Le commis aura un procureur, un scribe et plusieurs sergents commis pour l'exercice de la justice.

» 4° Il aura un sceau pour sceller en tous cas de justice avec le sceau des gouverneurs.

» 5° Sa voix à elle seule comptera autant que toutes celles réunies des gouverneurs. »

(1) Registres municipaux, n° 5, 22 juin 1452.

A quoi les gouverneurs répondirent par les propositions suivantes :

« Considérés le temps, terme et état de ladite Cité et ou elle est chue par la sédicion qui naguères a esté en icelle, considéré aussi les grandes haultesses, prééminences, auctoritez, puissance et seigneurie de mondit seigneur de Bourgogne, par le moyen duquel ladite Cité se peut entretenir, considérée encore que ladite sédicion n'est pas encore du tout appaisiée, accordent :

» Le commis sera assis auquel angle des sièges que bon ly semblera.

» Au regard des officiers, scribe, procureurs et sergents, qu'ils soient institués communs pour les deux parties et prêtent serment à toutes deux.

» Les sentences se proféreront alternativement entre le commis et les gouverneurs, chacun à son tour.

» Le commis sera nommé le premier sur certaines formes de paroles que voici : Nous Jehan Jouard, docteur es lois, conseiller de Monseigneur de Bourgogne, son commis et juge par association avec les recteurs et gouverneurs de la Cité de Besançon, et Nous lesdits recteurs et gouverneurs..... et ce mode durera jusqu'à entente définitive avec Monseigneur de Bourgogne relativement aux inconvénients qui pourraient surgir de la part des justices séculières de la Cité.

» La commune supplie toutefois Monseigneur de Bourgogne de renoncer à ce que son commis prime les gouverneurs dans les sentences, et de renoncer aussi à ce que la voix de son juge compte autant que tout le reste du conseil ; la commune voudrait que ledit commis eut sa voix comme l'un des gouverneurs seulement. »

Nous ne connaissons pas la réponse qui fut faite aux propositions de la commune ; des actes postérieurs qui nous sont parvenus nous pouvons toutefois conclure qu'elles échouèrent en ce qui concerne l'attribution de la première place dans les sentences ; nous voyons toujours le commis cité avant les gouverneurs ; sur le second point, nous constatons qu'en principe les sentences sont rendues à la majorité des voix, mais le commis semble avoir un certain droit de *veto.*

La gardienneté fut renouvelée dès lors régulièrement avec tous les successeurs des comtes de Bourgogne ; à la mort du duc Charles le Téméraire, elle passa aux mains du roi de France Louis XI, qui avait été investi du titre de comte duc de Bourgogne ; en retour, les habitants de Besançon furent gratifiés par le roi de France de privilèges égaux à ceux des bourgeois de Paris (1) ; à la mort de Louis XI, son successeur, Charles VIII, fiancé à la petite-fille de Charles le Téméraire, fut reconnu comme souverain de la Comté ; mais lorsque ce prince eut épousé Anne de Bretagne, les Comtois se considérèrent comme déliés envers la France et accueillirent avec empressement l'empereur Maximilien lorsqu'il vint reconquérir la Franche-Comté au nom des enfants de Bourgogne ; Maximilien et ses successeurs, Philippe Ier et Charles-Quint, restèrent en possession de la gardienneté de Besançon jusqu'en 1556, date à laquelle l'empereur Maximilien II renonça au comté de Bourgogne en faveur de Philippe II, roi d'Angleterre et d'Espagne ; la gardienneté étant attachée au titre de comte de Bourgogne, Philippe II devenait de droit le protecteur de Besançon ; le titre à donner à son commis près le tribunal des gouverneurs souleva quelques difficultés (2) ; finalement on tomba d'accord sur le titre de « Juge du roi catholique d'Espagne ». Ce titre, cepen-

(1) CASTAN, *Besançon et ses environs*, p. 18.
(2) Registres municipaux, n° 27, 22 juin 1556.

dant, choquait les citoyens de Besançon ; en 1599, à la mort de Philippe II, ils firent défense au juge de la gardienneté et au greffier d'exercer leurs fonctions jusqu'à nouvel ordre ; les négociations avec l'Infante, comtesse de Bourgogne, représentée par le duc de Champlitte, furent fort longues ; les gouverneurs ne consentirent à renouveler le traité de gardienneté qu'à condition que le juge s'intitulerait désormais « Juge de leurs A.A. S.S[mes] ducz et comtes de Bourgoingne » (1).

En 1654, Besançon ayant été cédé par l'Empire à l'Espagne, la question de la gardienneté fut de nouveau soulevée ; le droit pour les citoyens de choisir librement leur protecteur et de conclure des alliances à leur gré portait une grave atteinte à l'autorité royale ; aussi, en échange de leur renonciation à ce droit, le marquis de Castel Rodrigo, représentant le roi d'Espagne, leur fit-il de très larges concessions.

C'était là, en effet, pour les citoyens de Besançon, la perte d'un de leurs privilèges les plus importants, bien qu'en fait, depuis 1451, ils aient toujours subi plutôt que choisi volontairement la gardienneté des comtes de Bourgogne.

(1) Registres municipaux, n° 45, janvier à septembre 1599.

CHAPITRE III

LA RÉFORME A BESANÇON

Nouveaux progrès et empiètements de la juridiction des gouverneurs. — Apparition de la Réforme. — Gauthiot d'Ancier. — Intervention de l'Empereur. — L'Inquisition.

Pour ne pas scinder l'exposé de l'histoire de la gardienneté, nous nous sommes laissés entraîner jusqu'aux dernières années de l'indépendance de Besançon ; il nous faut maintenant faire un retour en arrière et reprendre au milieu du xve siècle l'étude de l'évolution de la juridiction municipale.

Le traité de 1451 ne mit aucun frein à sa marche toujours envahissante ; elle profitait de la moindre occasion pour faire de nouvelles conquêtes et étendre de plus en plus le cercle de ses attributions.

Malgré les privilèges accordés à la ville, le régale avait émis, en 1467, la prétention de faire exécuter une peine capitale sans que les gouverneurs eussent statué dans le procès ; il s'agissait en l'espèce d'un sieur Bobillot, inculpé de crimes contre la sainte foi catholique ; cet individu, poursuivi devant l'official, avait été abandonné au bras séculier, et le régale, appuyé par l'archevêque, soutenait qu'il pouvait de sa propre autorité prononcer la sentence et la mettre à exécution. Il dut renoncer à ses prétentions et reconnaître formellement que dans aucun cas, même en cas d'hérésie, un individu ne pouvait être condamné au dernier supplice sans une sentence des gouverneurs rendue à la suite d'une procédure d'accusation régulière (1).

Si les gouverneurs se contentèrent pour cette fois de cette reconnaissance, sans exiger d'autre sanction, il leur arriva souvent, par contre, de se montrer beaucoup plus sévères envers ceux qui se permettaient de porter atteinte à leurs privilèges; les registres municipaux nous en rapportent de nombreux exemples ; c'est ainsi qu'en 1492, un cordonnier de Dole s'étant permis de faire arrêter à Bregille, sans la permission de messeigneurs, un Savoyard qu'il accusait de vol, ils ordonnent de relaxer immédiatement l'inculpé et condamnent le cordonnier à 10 livres d'amende pour son infraction aux privilèges de la Cité (2).

La compétence des gouverneurs se développait non seulement *ratione materiæ*, mais également *ratione loci*. Une notable partie de la ville était, en effet, soustraite à leur autorité, en vertu des privilèges concédés à l'abbaye de Saint-Paul ; la Sentence de Mayence, avons-nous vu, accordait au prieur de ce monastère un droit de haute et basse justice, non seulement sur les dépendances directes du cloître, mais encore sur toute la rue qui en portait le nom, une des plus fréquentées de la Cité, et même sur une portion considérable du quartier environnant. Un bailli et des officiers de justice spéciaux étaient chargés de l'exercice de cette juridiction (3). Les conséquences de ce privilège étaient déplorables au point de vue de la sécurité publique ; la rue Saint-Paul était devenue le refuge de tous les malfaiteurs de la

(1) Registres municipaux, n° 7, 5 mars 1467.
(2) Registres municipaux, n° 8, 13 février 1492.
(3) D'Auxiron, *loc. cit.*, p. 70.

ville ; après avoir accompli leurs vols et leurs meurtres, ils s'y réfugiaient en toute tranquillité pour procéder au partage de leur butin ; les sergents de l'Hôtel de Ville ne pouvaient les poursuivre dans ce lieu d'asile que les abbés de Saint-Paul faisaient strictement respecter. Le diplôme de Maximilien dépeint cette pénible situation (1) :

« Que les fugitifs en ladite église, abbaye, et comme » l'on dit, à la rue vulgairement surnommée la rue » Saint-Paul, avec tous leurs biens et besognes quels » qu'ils soient par eux portés, jouissent par immunité » de sûreté plénière, qu'ils ne puissent par aucun juge » de quelque authorité qu'il soit être pris, arrêté, » adjourné, réellement ou personnellement en aucune » manière, ni être empêché en leurs personnes ou biens, » dont chacun à cette occasion est en espérance fuir en » ladite rue librement et porter en icelle les biens pris » par larcins, homicides et ravissements, et assurément » jouir desdits biens en ladite rue, sans crainte et » punition. »

Depuis longtemps les gouverneurs protestaient contre cet état de choses ; l'empereur Maximilien accueillit favorablement leurs réclamations et, par un diplôme en date du 24 février 1503, abolit le droit d'asile accordé à la rue Saint-Paul ; désormais les sergents de l'Hôtel de Ville pourraient y poursuivre et y arrêter les criminels qui s'y réfugieraient et les traduire devant les tribunaux ordinaires de la Cité ; il n'était d'ailleurs porté aucune atteinte aux autres privilèges de l'abbaye dont le bailli continuait à exercer sa juridiction sur les habitants de la rue.

Le diplôme de Maximilien fut confirmé le 1er mai 1534

(1) Recueil manuscrit appartenant à M. Billard.

par Charles-Quint qui édicta, en outre, une amende de 20 marcs d'or contre les réfractaires.

Là ne s'arrêtent pas les progrès des gouverneurs ; ils s'efforcent de réduire de plus en plus sous leur dépendance les principaux tribunaux de la Cité.

Sous le prétexte qu'ils sont chargés de veiller sur les juges de la ville, régale, maire et vicomte, ils les obligent à venir prêter serment entre leurs mains d'être fidèles à l'empereur et à la Cité, d'en garder les franchises et les privilèges et d'observer les édits des gouverneurs (1).

Si l'un des juges se refuse à prêter ce serment, ils lui interdisent l'exercice de sa charge, déclarant nulles et non avenues les sentences qu'il pourrait prononcer et font défense aux citoyens de comparaître ou plaider par devant lui.

Ils surveillent également le fonctionnement des tribunaux, s'assurent que les juges respectent les privilèges de la Cité et, en cas d'infraction, s'arrogent le droit de leur faire des observations et des remontrances.

Cette prétention provoque, en 1520, une nouvelle rupture avec l'archevêque. Les gouverneurs avaient fait mander par devant eux et interrogé son procureur, Claude Bon, pour avoir fait arrêter, sans qu'aucun accusateur ne le requérât, un carme qui, en prêchant, avait prononcé des paroles scandaleuses, et pour avoir ouvert une information contre un certain nombre de citoyens qui avaient délivré le carme. Après lui avoir fait lire deux articles des privilèges de la Cité, ils lui avaient enjoint d'avoir à cesser ses informations et à remettre celles déjà faites aux mains de M. Charles Ludin, lieutenant du juge de l'empereur et aux gou-

(1) Dunod, *Histoire de l'Eglise de Besançon*, p. 280.

verneurs, le tout sous peine de 100 livres d'or pur (1).

L'archevêque protesta avec énergie contre ce qu'il considérait comme une atteinte à ses droits ; les gouverneurs maintinrent leur décision et, le conflit s'envenimant, le prélat prit le parti de se retirer à Gy, emmenant avec lui sa cour spirituelle. L'official connaissait alors non seulement des matières spirituelles ou réputées telles, comme mariages, dîmes, bénéfices, sans distinction du pétitoire ou possessoire, mais encore il jugeait entre les laïcs du diocèse des causes personnelles et mixtes, de l'exécution des contrats reçus sous son scel, de celle des testaments publiés à l'officialité, et on les y publiait presque tous. Cette connaissance formait une juridiction provinciale qui attirait la plus grande partie des affaires à Besançon (2).

L'archevêque comptait, et avec raison, que l'éloignement de l'official causerait un grave préjudice à la ville ; mais il se trompait en espérant amener ainsi les gouverneurs à capituler ; ceux-ci prirent au contraire d'énergiques mesures : ils défendirent aux citoyens de se rendre à Gy et envoyèrent à Worms le secrétaire Jean Lambelin pour présenter à l'empereur leurs réclamations contre le prélat (3). Lambelin obtint de l'empereur une « provision » interdisant à l'archevêque de poursuivre criminellement les citoyens hors de la Cité (4).

Malgré cette défense, il envoie son procureur Claude Bon à Besançon pour ouvrir une information contre un luthérien résidant dans cette ville ; les gouverneurs, irrités de ce nouvel attentat et considérant que Claude

(1) Registres municipaux, n° 11, 2 mai 1520.
(2) D'Auxiron, *loc. cit.*, p. 62.
(3) Registres municipaux, n° 11, 30 octobre 1520.
(4) Registres municipaux, n° 13, 3 octobre 1525.

Bon avait déjà été condamné, une première fois, pour infraction aux privilèges à 100 livres d'amende, le firent arrêter et incarcérer pour le traduire en jugement devant la Chambre de l'Empire ; à cette nouvelle, l'archevêque fit arrêter à Gy, par mesure de représailles, tous les citoyens qu'il put saisir et informa les gouverneurs qu'il leur ferait subir un traitement analogue à celui que recevrait son procureur (1).

Les deux parties avaient également trop à souffrir du conflit pour que la lutte se prolongeât longtemps ; le Chapitre s'entremit et, grâce à sa médiation, la paix se rétablit (2). L'official revint à Besançon ; la réconciliation fut si complète, qu'en 1532 nous voyons les gouverneurs envoyer des délégués à Dole pour appuyer, devant le Parlement, les revendications de l'archevêque et écrire, dans le même sens, au maréchal de Bourgogne (3).

Il ne faudrait pas croire, d'ailleurs, que ce fut uniquement à l'encontre des juridictions de l'archevêque que se produisirent les tentatives d'ingérence des gouverneurs ; ils agissaient de même à l'égard de la Vicomté et de la Mairie ; leurs empiètements devinrent même si considérables, que le prince de Nassau, héritier des comtes de Chalon, dut leur adresser, en 1532 et 1533, d'impérieuses lettres de réclamations. Parlant au nom de son fils, vicomte et maire de Besançon, il leur reproche leurs empiètements sur ces justices, se plaint de ce qu'ils font faire toutes les exécutions par leurs sergents et de ce qu'ils appliquent les amendes à leur profit (4).

(1) Registres municipaux, n° 13, 6 et 10 octobre 1525.
(2) DUNOD, *Histoire de l'Eglise de Besançon*, p. 282.
(3) Registres municipaux, n° 14, 11 novembre 1532.
(4) Registres municipaux, nos 14 et 15, 22 novembre 1532 et 15 février 1533.

Le conflit fut long à régler et nécessita l'intervention de l'empereur : par une lettre, datée de Tolède du 9 mars 1534, il annonce en effet aux gouverneurs qu'il leur envoie son second chambellan, chancelier de son ordre et conseiller d'Etat, Loys de Flandres, seigneur de Praet, « pour leur communiquer aucunes choses concernant la Cité, notamment l'affaire de la juridiction de monseigneur le prince dans la dite Cité » (1).

Peu s'en fallut, qu'en 1539, le conflit ne se renouvelât : le prince d'Orange, fils du prince de Nassau, ayant remplacé Jean Girard, juge de la mairie, par Richard Lardier, le magistrat révoqué demanda aux gouverneurs, qui saisirent avec empressement cette nouvelle occasion d'intervenir, d'annuler cette nomination. Il fallut de longues et laborieuses négociations pour que le prince pût obtenir qu'ils se déclarassent incompétents (2).

C'est à cette époque qu'apparaît la Réforme qui va exercer une profonde influence sur toute l'histoire de Besançon : au début du XVIe siècle, la doctrine de Luther fait des progrès rapides dans l'Allemagne ; elle ne tarde pas à triompher dans une grande partie de l'Empire et dans de nombreux cantons suisses, avec lesquels Besançon se trouve en relations suivies (3). La conversion en masse du pays de Montbéliard va contribuer encore à encourager son développement ; dans la Cité même, le terrain paraît admirablement favorable aux novateurs : le vieil antagonisme qui règne entre la commune et l'archevêque, les sentiments d'indépendance et de liberté des citoyens, l'énergie qu'ils ap-

(1) Registres municipaux, n° 15, 30 mars 1534.
(2) Registres municipaux, n° 20, 6 mars 1539.
(3) Besançon était en outre unie par un traité de combourgeoisie avec les cantons de Fribourg, Berne et Soleure.

portent à empêcher toute intervention des juridictions spirituelles ou de l'inquisition, la procédure en cours dans la Cité, qui exige qu'un citoyen se porte accusateur, même en matière de foi, pour qu'il y ait lieu à poursuite, tout cela constitue un ensemble de circonstances bien fait pour favoriser le développement des idées nouvelles.

Une seule chose manquait à la Réforme pour triompher à Besançon, c'était l'appui d'un personnage puissant et énergique. Peu s'en fallut qu'elle ne le trouvât en Gauthiot d'Ancier, si justement surnommé le Petit Empereur de Besançon. Pendant une dizaine d'années, cet homme audacieux et rempli d'ambition, va s'efforcer de faire de sa patrie une véritable république indépendante, dont il sera le chef presque absolu. Avec l'appui des cantons suisses de Berne, Fribourg et Soleure, auxquels elle était unie par un traité de combourgeoisie, il rêvait de la libérer de toute tutelle étrangère. Une des conséquences forcées de cette alliance devait être la tolérance de la ville envers les protestants; lui-même ne se convertit point aux nouvelles doctrines, mais ne fit rien pour s'opposer à leur propagation, les favorisa même en s'entourant de zélés partisans de la Réforme, parmi lesquels son fidèle agent, le secrétaire Lambelin. Si Gauthiot eût profité de ce qu'il avait entre les mains le gouvernement de la Cité pour y introduire par la force les nouvelles doctrines, s'il eût osé rompre ouvertement avec la religion catholique, peut-être eût-il réussi dans son œuvre. Il n'osa pas tenter ce coup d'audace et ce fut la cause de sa perte.

L'empereur, sachant toute l'importance qu'il fallait attacher à la conservation de Besançon, employa successivement, pour ruiner le crédit du dangereux tribun, deux hommes très habiles : Laurent de Gorrenod et le cardinal Perrenot de Granvelle ; grâce à leurs savantes intrigues, les élections de 1637 furent un désastre pour Gauthiot, dont aucun partisan ne fut réélu. Ses adversaires ne lui laissèrent pas le temps de préparer sa revanche ; on ouvrit immédiatement, contre lui et les siens, des informations sous des prétextes divers : malversations, crimes contre la sainte foi catholique. Gauthiot s'enfuit et mourut à Gray, en exil ; quant au secrétaire Lambelin, il fut condamné à mort et décapité devant l'Hôtel de Ville (1). La commune, à la demande de l'empereur, consentait en outre à résilier son traité de combourgeoisie avec les Suisses ; c'était l'échec complet de la tentative d'indépendance.

Il ne faudrait pas croire, cependant, que la Réforme eût été définitivement écrasée à Besançon ; les protestants conservaient, au contraire, dans la ville de nombreux partisans qui, à plusieurs reprises, allaient tenter des coups de main pour ressaisir le pouvoir.

Ce serait surtout une erreur de s'imaginer que l'attachement des Bisontins à la foi catholique les ait amenés à se montrer moins rigoureux dans l'exercice de leurs privilèges ; au plus fort de la lutte religieuse, nous les voyons entrer de nouveau en conflit avec l'archevêque (2).

Les officiers de celui-ci ont fait arrêter deux personnes, Pierre du Chemin et sa mère, comme suspects de luthéranisme. Les gouverneurs prennent aussitôt les mesures suivantes :

« On ne permettra aux procureurs ni du Chapitre, » ni de la Régalie, ni de la Vicomté, ni de la Mairie,

(1) Castan, *Besançon et ses environs*, p. 21.
(2) Registres municipaux, n° 19, 14 août 1536.

» de faire information pour matière de foi ou autre.

» On ne permettra au procureur de l'archevêque de » faire information secrète sans dénonceur légitime.

» On ne communiquera pas aux ecclésiastiques les » informations contre Pierre du Chemin.

» Celui-ci et sa mère seront relâchés des prisons sans caution.

» Le privilège de la Cité sera gardé et ne sera permis » de faire information sans dénonceur légitime. »

Puis ils statuent eux-mêmes sur le cas des deux inculpés, remettent l'information contre Pierre du Chemin à la justice de Mairie et déclarent qu'il n'y a pas lieu de poursuivre sa mère.

Comme l'affaire est très grave, les gouverneurs, pour rendre la sentence, se réunissent aux Vingt-Huit et à quatre élus supplémentaires par bannière ; après des débats mouvementés, ils ne prononcent qu'une peine très légère.

De puissantes interventions s'étant produites, les gouverneurs se décidèrent cependant à transiger avec les officiers de l'archevêque, sur la manière de faire des informations secrètes en matière de foi. Il fut décidé que les officiers du prélat et ceux de la Cité procéderaient ensemble et de même autorité, et que le procureur de l'archevêque pourrait prendre copie des informations. D'ailleurs, c'était la juridiction ordinaire et non celle de l'archevêque qui restait applicable (1).

Profitant de ce que les gouverneurs n'apportent qu'un zèle aussi modéré à la répression de l'hérésie, les protestants redoublent d'ardeur pour convertir la Cité.

Ils y envoient leurs orateurs les plus fameux : Farel, Théodore de Bèze ; ils y introduisent des bibles en con-

(1) Registres municipaux, n° 19, 15 janvier 1537.

trebande, y tiennent des prêches clandestins. L'archevêque, en désespoir de cause, s'adresse à l'empereur : il lui dépeint la Cité comme infestée par l'hérésie, sur le point de tomber entre les mains des huguenots, et obtient de lui l'envoi de trois commissaires : le baron de Polvillers, le comte Ulric de Montfort et Rotenfeld et Jean Vüet de Rantnau Lannestan, avec pouvoir de prendre toutes les mesures nécessaires pour arrêter le développement des idées nouvelles. C'était là une grave atteinte au droit de police et de juridiction des gouverneurs (1).

Les commissaires arrivèrent porteurs d'une lettre de Maximilien, fort impérieuse ; il informait les gouverneurs qu'il avait appris que la Réforme se développait dans la Cité, qu'un grand nombre d'ennemis de la Religion s'y réfugiaient, qu'il s'y tenait des prêches et des réunions. Il les invitait à mettre un terme à tous ces scandales et à enrayer, sans tarder, les progrès de l'hérésie.

Les commissaires étaient chargés de s'assurer de la façon dont ses ordres seraient exécutés et d'intervenir eux-mêmes en cas de besoin.

Devant une mise en demeure aussi énergique, les gouverneurs s'inclinèrent et se résignèrent à publier, tant en leur nom qu'en celui des commissaires, un édit contre les hérétiques (9 juin 1573).

Il est défendu à tout habitant de Besançon, de quelque condition et qualité qu'il soit, de « publier ou di-
» vulguer, semer ou enseigner, en général ou en par-
» ticulier, publiquement ou secrètement, soit en matière
» d'enseignement, dispute, devise ou pourparlement
» quelque doctrine ou sectes dérogant et contraire à

(1) Recueil manuscrit appartenant à M. Billard.

» la Sainte Foy et Religion, ancienne, catholique et
» romaine. Ains leur est ordonné et enjoint expressément vivre et demeurer en ladite Foy et Religion catholique et romaine, hanter et fréquenter les églises et divins services, recevoir le saint sacrement selon les constitutions et traditions de notre mère Sainte Eglise, comme du passé ont fait nos prédécesseurs, le tout à peine de confiscation de corps et de biens.

» Plus est prohibé à tous sous la même peine de chanter chanson en françois, soient estimées spirituelles ou autres, non accoutumées en l'Eglise catholique, ancienne et romaine, ny d'user de paroles dérisoires et diffamatoire attouchant à l'honneur de gens d'Eglise ou autres.

» D'avantage, prohibons et défendons, sous les peines susdites, tenir, lire, avoir, vendre, communiquer ou acheter aucuns livres suspects, soit grands, soit petits, venant de lieu suspect desdictes sectes contraires à la Religion catholique et romaine ; à tous qui en ont, les brûler dans vint-quatre heures prochain, aussi sous même peine de punition corporelle ou autrement.

» Item, est ordonné à tous manans et résidans en celte dite Cité, ayant serviteurs, servantes ou autres, résidans avec eux, qu'il ne leur permettent tenir ou avoir lesdits livres suspects et prohibés ny aussi chanter les chansons cy-dessus mentionnées ou de faire actes quelconques contraires à la Sainte Foy catholique et romaine, à peine d'en estre punis eux-mêmes ensemble lesdits serviteurs, servantes et autres résidans en leurs maisons.

» En outre, est ordonné à tous qui sauront et qui connoitront aucun personnage avoir contrevenu à cet édit impérial, en quelque sorte que ce soit, le venir révéler et déclarer dans vingt-quatre heures après à

» nous, commissaire, ou en notre absence au magistrat
» de cette Cité, à peinne d'être punis eux-mêmes comme
» infracteurs de mandement de Majesté impériale. »

La fin de l'édit vient cependant révéler l'indulgence que gardaient, malgré tout, les gouverneurs pour leurs concitoyens passés au protestantisme. Le pardon le plus large et le plus complet était promis à tous ceux qui consentiraient à renoncer à leurs erreurs et à rentrer au sein de l'Eglise. Quant aux autres, ils devaient quitter la ville, mais bien des concessions venaient atténuer la rigueur de cet exil.

« Leurs ordonnons et enjoignons qu'ils aient à quit-
» ter cette dite Cité, banlieue et territoire d'icelle, à
» seavoir, quant aux étrangers n'étants habitans et do-
» miciliés, dans dix jours prochains, et les autres ci-
» toiens, habitans et domiciliés dans dix jours prochains
» à compter dez la date de cette sans espoir d'y jamais
» rentrer à peinne d'être punis de la même peinne cy-
» dessus déclarée. Leur permettant néanmoins de
» grâce spéciale de prendre, emporter, retirer et dis-
» traire tous et singuliers leurs biens et les transporter
» et conduire ailleurs où bon leur semblera, sans en
» être empêchés, molestés ou recherchés par qui que ce
» soit, en leurs biens ou en leur personne, directement
» ou indirectement. »

L'opposition manifestée par les citoyens à ce que des mesures trop rigoureuses soient prises contre les hérétiques, se révèle encore dans un procès intenté dans le courant de la même année 1573, contre un sieur Jacques Bernard et sa femme, accusés de n'avoir pas fréquenté les offices et d'avoir travaillé un jour de fête (1). Les gouverneurs, considérant que si les coupa-

(1) Registres municipaux, n° 34, 22 décembre 1573.

bles étaient livrés à l'une des justices et condamnés au bannissement perpétuel, leurs biens seraient confisqués, et que leurs enfants en seraient privés pour un mal qu'ils n'avaient point commis, décidèrent de retenir les procès de ce genre et de ne les renvoyer à l'une des justices qu'après en avoir délibéré.

Malgré ce désir très vif de pratiquer une politique tolérante, les gouverneurs, stimulés par les commissaires de l'empereur, s'étaient vus dans l'obligation de faire appliquer leur édit. Un grand nombre de protestants avaient dû quitter la ville et se réfugier dans les cantons helvétiques et surtout à Montbéliard, devenu un foyer d'intrigues. Les exilés conçurent le projet de s'emparer, par surprise, de Besançon, avec l'aide des Suisses et des Français. L'attaque eut lieu dans la nuit du 21 juin 1575. S'étant procuré des barques, une partie des conjurés s'introduisit dans la ville en suivant le Doubs jusqu'au pont de Battant, où elle se fortifia ; le gros de la bande pénétra alors par l'une des portes de la ville, dont le gardien était complice de l'entreprise. Les huguenots se répandirent dans les rues aux cris de « Ville gagnée » ; malheureusement pour eux, les gouverneurs, avertis par un traître, avaient organisé la résistance. Les assaillants, fusillés par les fenêtres, durent se replier jusqu'au pont et leurs partisans, voyant leur échec, n'osèrent se joindre à eux. Cernés de toutes parts, les uns essayèrent de s'enfuir en se jetant à la nage et périrent pour la plupart, les autres se rendirent à merci.

Les commissaires de l'empereur exigèrent un châtiment exemplaire ; tous les prisonniers furent condamnés à mort et exécutés. C'était l'écrasement définitif de la Réforme à Besançon et elle ne semble plus, dès lors, avoir exercé aucune influence sur les destinées de la ville.

La question religieuse intervint cependant encore en 1589, mais d'une façon tout à fait accessoire. Les incidents qui se produisirent à cette date nous prouvent que, malgré leur fidélité au catholicisme, les gouverneurs s'opposèrent toujours avec énergie à toute mesure qui, sous un motif de religion, aurait pu porter atteinte aux droits de la Cité.

L'archevêque, prenant prétexte de ce que le prince d'Orange, possesseur de la Vicomté et de la Mairie, appartenait à la religion réformée, émit la prétention, en sa qualité de possesseur de la Régalie dont les tribunaux précédents dépendaient en fief, de le dépouiller de ces deux justices et d'en investir le roi d'Espagne. Ce dernier avait accepté avec empressement et commis M. de Champlitte pour en prendre fief.

C'était là une grave atteinte aux droits de l'empereur et de la Cité ; les gouverneurs, réunis aux notables, n'hésitèrent pas à demander des explications au vicaire général. Peu satisfaits de la réponse de l'archevêque, les gouverneurs portèrent plainte à l'empereur et à la Chambre de Spire. Ils eurent gain de cause ; leur ambassadeur Mancenans rapporta de Spire un mandement inhibitoire contre l'archevêque, lui interdisant, à peine de 10 marcs d'or pur, de confier au roi l'investiture des Vicomté et Mairie, et pour faire notifier ce décret, il prit la précaution d'amener avec lui un huissier de la Chambre impériale. Restait à dédommager le roi d'Espagne ; la situation était plus délicate et les négociations furent fort longues ; il finit cependant par renoncer à ses prétentions, moyennant continuation de la garde de la Cité en faveur de son fils (1).

(1) Registres municipaux, n° 41, mai, juin, juillet 1589.
Les justices de vicomté et mairie subirent de nombreuses vicissitudes ; supprimées une première fois, en 1651, par les gouverneurs, elles furent

Avant de quitter définitivement la question religieuse, il faut examiner rapidement le rôle de l'Inquisition à Besançon; elle fut longtemps avant de pouvoir s'y introduire d'une façon officielle; la procédure dont elle usait était trop contraire aux usages de la Cité fort attachée aux garanties que donnait aux prévenus la procédure accusatoire, et, d'autre part, les gouverneurs n'étaient pas disposés à tolérer l'établissement d'une juridiction rivale de la leur.

Aussi, pendant plusieurs siècles, l'Inquisition n'entretint-elle à Besançon qu'un représentant officieux; il était chargé de poursuivre, devant les tribunaux ordinaires, la répression des crimes contre la foi, mais il ne jouissait, dans son rôle d'accusateur, d'aucun privilège spécial et n'avait pas plus de pouvoir qu'un simple citoyen.

Ce n'est qu'après que Besançon eut été livré à l'Espagne que l'Inquisition s'installa officiellement dans la ville; elle dut cependant consentir à accepter un concordat qui restreignait ses pouvoirs dans une large mesure et conservait aux gouverneurs un droit de surveillance; le traité, signé le 26 février 1659, était ainsi conçu :

peu après rétablies et survécurent à la conquête française; en 1681 elles furent vendues aux enchères, à la requête d'un créancier de la maison d'Orange, le prince d'Isenghien, qui s'en rendit acquéreur et en fut investi par lettres patentes; la même année, le Parlement déclarait que ces justices demeureraient sans exercice jusqu'à ce qu'il y fût pourvu par le roi; le traité de Ryswick (1697) ordonna qu'on restituât à Guillaume d'Orange, roi d'Angleterre, tous les biens qu'il possédait en France avant le 10 août 1678; le prince d'Isenghien se pourvut contre la déclaration du roi du 8 mai 1698, remettant le roi d'Angleterre en possession de la vicomté et de la mairie; il obtint satisfaction par arrêt au Conseil d'Etat du 4 mai 1702; depuis lors, lui et ses successeurs en jouirent paisiblement jusqu'à la Révolution.

Texte du concordat passé avec le P. Symard, inquisiteur (1)

« Il ne pourra saisir personne sans que l'avocat-fiscal » de la Cité ait jugé qu'il y a lieu.

» Après quoi les syndics de la Cité donneront » assistance au procureur du Saint-Office.

» Par emprunt de lieu on lui fournira une prison.

» La procédure sera faite à la participation des com- » mis de Messeigneurs et des fiscaux de la ville.

» Le scribe sera choisi par Messeigneurs et l'Inqui- » sition d'un commun accord.

» La torture ne pourra être donnée sans l'avis de » Messeigneurs et des Vingt-Huit et en présence des » commis et fiscaux.

» La prévention appartiendra à l'Inquisiteur.

» Au bout d'un an, toute prévention sera éteinte.

» 100 francs ou 50 francs par procès.

» *Signé :* P. SYMARD et TINSEAU. »

Ainsi soumise au contrôle des gouverneurs, l'Inquisition ne put jamais se livrer à Besançon aux autodafés par lesquels elle se rendit si tristement célèbre en Espagne ; elle n'eut jamais grande importance, et ne trouvant que fort peu d'hérétiques à poursuivre, elle se consacra surtout aux procès de sorcellerie ; son existence devait être fort courte ; moins de dix ans après son installation, la conquête française l'obligeait à se retirer.

(1) Registres municipaux, n° 84, 26 février 1659.

CHAPITRE IV

PRIVILÈGE DE NON DISTRACTION DE RESSORT

Son origine. — Conflits avec le Parlement de Dole. — La Justice de gardienneté.

C'est à la fin du XVIe siècle qu'il convient le mieux de se placer pour étudier en détail le fonctionnement de la juridiction des gouverneurs. A cette époque, elle a atteint tout son développement : la commune était à son apogée ; elle avait définitivement écrasé l'hérésie, et les ferments de discorde qui, dans le courant du siècle suivant, allaient ébranler sa situation et précipiter sa ruine, commençaient à peine à se faire sentir. C'est d'ailleurs sur cette période que nous possédons le plus de documents ; à nul autre moment, les registres municipaux ne nous rapportent un aussi grand nombre d'ordonnances et de jugements.

Il importe, cependant, avant de passer en revue les différentes matières sur lesquelles s'étendait la compétence des gouverneurs, de dire quelques mots du privilège de non-distraction de ressort dont jouissaient les citoyens.

La mention la plus ancienne que nous en connaissions figure dans le diplôme de Rodolphe de Habsbourg : « *Nec tenentur juri parere vel recredere, præterquam per judices bisuntinos, coram quibus vel altero eorum-*

dem juri stare tenentur usque ad calculum diffinitive sententiæ, hoc salvo quod si universitas vel major pars civium predictorum extra civitatem predictam cum armis et violencia aliquem vadiaret et de hoc fieri contingeret recredentiam, de hoc deberet jus fieri ubi alias et antiquitus fieri consuevit. »

Les diplômes postérieurs confirment ce privilège et l'étendent au cas où toute la communauté serait intéressée au procès ; celui de Venceslas nous indique, en outre, que ce n'était là, pour les citoyens, qu'une simple faculté dont ils avaient toujours le droit de renoncer à se prévaloir : « Que lesdits archevêques ou autres justiciers temporels ou séculiers de notre dite Cité, ou » aussi autres quelconques, ne puissent tirer en cause » ni aussi poursuivre criminellement ou civilement les » habitants de notre dite Cité, ou en commun ou en » particulier, dehors la cloison des murs de nostre Cité, » ne aussi devant autres juges quelconques, sinon » devant ceux de l'impériale et romaine autorité et » Majesté ou devant les juges ordinaires exerçant ou » administrant justice en notre dite Cité, sinon que » lesdits habitants ou aucun d'eux, de sa franche, » propre et expresse volonté se veuille soumettre aux » autres juridictions qu'à celles de la Cité. »

Le diplôme de Sigismond de 1434 marque encore un nouveau progrès. Il confirme celui de Venceslas et lui donne une interprétation des plus favorable aux citoyens de Besançon en déclarant qu'ils ne pourront être poursuivis devant le juge de la Cour impériale de Spire (1), cette Cour n'étant pas comprise sous le mot de Majesté impériale ou royale, « veu qu'il serait dispendieux et

(1) En 1641, l'empereur émit la prétention de supprimer ce privilège ; les gouverneurs protestèrent avec énergie (correspondance de leur ambassadeur Chevannay, aux archives de l'archevêché, cote 10).

incommode à nos dits citoyens qui estant Gaulois ignorent la langue allemande, d'estre tirés en jugement en des lieux étrangers ».

Ce privilège de non-distraction de ressort était, il faut le reconnaître, fort blessant pour les autres habitants de la Comté, car si les Bisontins soutenaient avec énergie leur droit de ne pas être assignés devant une juridiction étrangère, ils n'en émettaient pas moins la prétention de faire comparaître devant leurs tribunaux tous les individus dont ils avaient à se plaindre, sans distinguer s'ils étaient citoyens ou non. Sur ce point encore, ils pouvaient invoquer en leur faveur de nombreux diplômes d'empereurs (1); nous nous contenterons de reproduire celui de Charles IV : « Que lesdits citoyens » habitants en ladite Cité puissent de leur propre auto- » rité, sans offense de droit ni de juge, barrer et arrester » rière ladite Cité et hors d'icelle les étrangers pour » leurs debtes et pour les delicts et offenses faictes aux- » dits citoyens en leurs personnes et biens, et prendre » et détenir en prison lesdits étrangers, taillables et » exploitables, leurs personnes et biens pour debtes et » délits faits ou commis par leurs Seigneurs, comme » aussi tenir et emprisonner lesdits étrangers générale- » ment et spécialement pour délicts et injures faites par » eux en particulier ou en général, sans estre tenus de » subir jugement ou en faire récréance ailleurs que » devant les juges de Besançon, devant lesquels ou » lequel ils seront obligez de subir jugement jusques à » sentence diffinitive. »

Dans le but de remédier aux conflits inévitables qui devaient se produire, le traité de gardienneté de 1501

(1) Diplôme de Rodolphe de Habsbourg (1290), de Venceslas (1398), de Sigismond (1434), de Frédéric III (1445), de Maximilien (1512), etc.

avait décidé l'installation à Châtillon, petit village proche de Besançon, d'un juge spécialement chargé de régler les procès entre Bisontins et Franc-Comtois : « Et voulons de grâce spéciale et leur octroyons » qu'iceux ou chacun d'eux soit reçu par devant notre » dit commis de Chastillon et ses lieutenants qui, pour » le temps à venir, seront, et par devant tous nos autres » juges et officiers de nos dits duché et comté de Bour- » gogne par procureurs suffisamment fondés tant en » demandant qu'en deffendant dans toutes leurs causes » besognes et querelles quelconques qu'ils ont ou pour- » roient avoir au temps avenir ; et si aucuns desdits » habitants, citoyens, serviteurs ou mesniers étaient » prins ou arrestés en corps ou en biens, ou soit de » présent soy advoüant à nous en quelque lieu que ce » soit, nous leurs promettons les requerir, pourchasser » et demander à nos dépens réellement et de fait, par » nous ou notre commis ou son lieutenant jusqu'à la » restitution restablissement rendue ou recréance de » leurs dits corps et biens par toutes voyes et manières, » et à toutes fins dehues que bon et loyal gardien doit » faire, en faisant droit par devant nous ou notre com- » mis ou son lieutenant audit lieu de Chastillon. »

Les Bisontins, devant les avantages que leur offrait cette nouvelle juridiction qui, seule, leur permettait d'atteindre efficacement leurs débiteurs de la Comté, avaient consenti à renoncer au droit de poursuivre les étrangers devant leurs tribunaux. Mais, pour des raisont inconnues, la justice de gardienneté fonctionna fort peu de temps ; à plusieurs reprises, nous voyons les gouverneurs de Besançon demander son rétablissement. La situation, loin de s'améliorer, s'était embrouillée davantage, les Comtois arguant de la renonciation des Bisontins à leur privilège, ceux-ci soutenant que leur renonciation était nulle puisque la justice de gardienneté qui en était le prix, ne fonctionnait pas.

Aussi les conflits étaient-ils fréquents avec les tribunaux voisins de la Franche-Comté, et surtout avec le Parlement de Dole qui voyait d'un fort mauvais œil soustraire à sa juridiction une ville située au milieu de son ressort. La haine qui existait entre les deux cités rivales contribuait encore à envenimer les rapports ; Dole, capitale de la province et siège du Parlement, redoutait d'être supplantée par Besançon ; une lutte sourde mais perpétuelle régnait entre elles et se manifestait à la moindre occasion ; au premier rang des causes de querelles, il faut citer les conflits de juridiction dans lesquels chacune d'elles mettait son point d'honneur à ne pas céder. Contre l'ennemi commun, les gouverneurs de Besançon prenaient, sans hésiter, le parti des autres juridictions de la Cité. Qu'il s'agisse de l'Officialité, de la Régalie, de la Vicomté ou de la Mairie, ils se faisaient un devoir de les soutenir lorsqu'elles se trouvaient en but aux tentatives d'empiètement de leur entreprenant voisin ; à aucun prix ils ne voulaient tolérer que le Parlement jouât dans leur ville un rôle quelconque [1]. Même lorsqu'il s'agit d'étrangers qui y ont cherché refuge, les gouverneurs refusent obstinément de les lui livrer : en 1555, un sieur Quiclet ayant été arrêté à Dole comme espion des Français, le Parlement fit demander qu'on lui remît la femme et le neveu de l'accusé qui s'étaient retirés à Besançon ; mais les gouverneurs n'y consentirent que lorsqu'il eut pris l'engagement formel de ramener, aussitôt après confrontation, les deux prisonniers à Besançon pour y être jugés [2].

(1) Registres municipaux, n° 16, 23 août 1553.
(2) Registres municipaux, n° 27, décembre 1555.

Enumérer les innombrables conflits qui se produisirent entre la commune et le Parlement serait sans grand intérêt ; qu'il nous suffise de rappeler brièvement les principaux, ceux qui faillirent véritablement amener de graves complications.

En 1571, les gouverneurs s'étaient déjà vus dans l'obligation de rappeler au Parlement qu'il n'avait aucune juridiction, ni sur les citoyens, ni sur les actes qui se faisaient dans la Cité, attendu qu'elle dépendait immédiatement de l'empereur et du Saint-Empire (1).

En 1586, les choses se gâtèrent tout à fait : à la requête de Pierre Bonvalot dit Constable, écuyer, et de Louis de la Tour, sieur de Montcley, citoyens de Besançon, les gouverneurs avaient fait emprisonner pour dettes deux hommes du Comté ; le Parlement, sur la plainte de ces prisonniers, avait cité les créanciers à comparaître devant lui ; les gouverneurs leur interdirent d'obéir à cet ordre de comparution ; sur quoi le Parlement fit assigner quelques-uns des gouverneurs pour avoir fait cette défense, et la Cité, par mesure de représailles, assigna à son tour le procureur général et quelques conseillers ; décidée à poursuivre l'affaire jusqu'au bout, elle interjeta appel, devant la Cour de l'Empire, des actes du Parlement, et envoya à Gray notifier son appel au président Boutechoux ; celui-ci fit arrêter le syndic et son sergent (2). Le conflit prenait une tournure de plus en plus inquiétante ; aussi, le comte de Champlitte, gouverneur de la province, craignant qu'il n'eut une issue sanglante, s'interposa et parvint à régler amiablement le différend ; les prisonniers furent relâchés de part et d'autre et les actions réciproques déclarées éteintes.

(1) Registres municipaux, n° 33, 24 janvier 1571.
(2) Registres municipaux, n° 39, 16 mai 1586.

Ce n'était là, d'ailleurs, qu'une paix boiteuse, et des querelles analogues se produisirent fréquemment, au cours du siècle suivant, malgré tous les désastres de la guerre de Trente ans, qui auraient dû réunir les Franc-Comtois contre l'ennemi commun (1).

(1) Lettre des gouverneurs au Parlement, du 16 septembre 1746.

Très honorés sieurs, Messieurs les Président, et gens tenant la Cour du Parlement à Dôle,

Très honorés sieurs : Il y a quelques jours que nous avons reçu une de vos lettres en date du 6me du passé et déjà précédemment nous en avait esté rendue une aultre, toutes deux servants à mesme subject, savoir à la recommandation du procès que Claude Granger, notre citoyen, a pendant par devant nous contre d'autres particuliers de notre cité ; et comme il semble que par icelles vous doubtiez en quelque façon de la sincérité avec laquelle nous administrons la justice tant à nos citoyens qu'à tous autres indifféramment, nous nous sommes crus obligés de vous prier de prendre doresnavant de meilleures impressions de notre procédé, dont ledit Granger ny aultre n'a eu subject jusques à présent de se mescontenter, ayant esté toujours for esloingné de la prattique qu'il vous a voullu faire entendre. Nous congnoissons assez, Dieu mercy, ce que le droit et l'équité demandent au regard de ceux qui doibvent estre suspects à la décision des procès, et n'avons besoin de personne qui nous renouvelle le souvenir de notre devoir en pareilles occasions, que celui que nous avons toujours devant les yeux en rendant nos jugements et qui nous doit un jour juger selon la bonté ou la malice de nos intentions. C'est le même que nous prions de tout notre cœur qu'il préside aux votres sans intermission et qu'il vous donne, très honorés sieurs, en santé longue et heureuse vie.

(Recueil manuscrit de M. Billard.)

CHAPITRE V

POLICE DE LA VILLE

Origine et étendue de ce pouvoir. — Edits des gouverneurs. — Conflits avec le Chapitre.

Après avoir ainsi déterminé la compétence *ratione personæ* des gouverneurs, il nous reste à l'examiner *ratione materiæ*. Pour plus de clarté dans l'exposition, nous étudierons successivement leur droit de police, leur juridiction criminelle et leur juridiction civile.

La police est la manifestation la plus ancienne du pouvoir de juridiction des gouverneurs. Alors que d'Auxiron veut y voir une survivance du droit analogue appartenant aux édiles dans le municipe (1), Dunod en place l'origine dans la Sentence de Mayence (2) ; analysant ce document, il déclare qu'il donnait aux prudhommes « la police des rues et autres choses » ; bien que le texte latin soit loin d'être formulé d'une manière aussi explicite, l'opinion de Dunod nous paraît admissible ; la Sentence autorisant les citoyens à s'opposer à toute construction de nature à causer du dommage à la ville, il était nécessaire de reconnaître aux gouverneurs un certain pouvoir de police leur permettant d'assurer

(1) D'Auxiron, *Observation sur les juridictions de Besançon*, p. 97.
(2) Dunod, *Histoire de l'Eglise de Besançon*, p. 168.

la répression des infractions commises à ce statut; l'existence de ce pouvoir se manifeste encore par l'obligation imposée à l'archevêque de ne faire paraître aucun règlement sans le consentement des prudhommes ; les rôles furent vite renversés, et, dans une charte de 1224, nous voyons interdire aux citoyens de faire aucune institution nouvelle sans la permission de l'archevêque, preuve évidente que dès cette époque ils avaient essayé de s'arroger le droit exclusif de faire des règlements.

Le diplôme de Charles IV, de 1364, confirme d'une façon très nette ce pouvoir des gouverneurs ; ils pouvaient dès lors non seulement prendre des arrêtés de police, mais étaient en outre investis du droit d'en assurer eux-mêmes l'exécution :

« Item que lesdits citoyens qui lors seront exclus, » comme dessus a été dit, pour gouverner et ordonner » les affaires de ladite Cité, puissent de leur auctorité » sans offense de droict ni de juge, toutes et quantes fois » qu'il sera nécessaire, détenir dans les prisons com» munes de ladite Cité, tous et quelconques citoyens et » habitants d'icelle désobéissants et réfractaires à leurs » mandements escrits et licites, ou qui contrevien» draient en tout ou en partie aux grâces et libertez » contenues aux présentes, jusques à ce qu'ils soient » venus à satisfaction ou qu'ils ayent esté amendés tou» chant leur désobéissance et délit. »

Si étendu que fût ce pouvoir, il ne suffisait cependant pas aux gouverneurs qui voyaient avec mécontentement les divers juges de la Cité exercer, pour la répression des contraventions à leurs édits, une juridiction concurrente à la leur ; ils supportaient surtout fort mal qu'une partie des amendes encourues par les délinquants fut prélevée par ces juges au lieu de revenir tout entière à la commune. Aussi finirent-ils par revendiquer le droit exclusif d'assurer l'exécution de leurs ordonnances. Nous les voyons, en 1532, faire défense à maître Hubert Gentet, juge, et Richard Parrel, scribe de la Régalie, « d'avoir cognoissance ou relever les peines et amendes sur les infractions des désobéissants des édits de Messeigneurs les gouverneurs » (1).

La Cité disposait, pour assurer l'exécution de ses règlements, d'un procureur et des sergents de l'Hôtel consistorial ; en cas de résistance, il pouvait être concédé des mandements d'ouverture et force, en vertu desquels les officiers municipaux avaient le droit de pénétrer dans les domiciles particuliers et d'y saisir des gages jusqu'à concurrence de la valeur de l'objet des poursuites (2).

En vertu de leur droit de police, les gouverneurs publiaient des ordonnances sur les sujets les plus divers ; l'étude un peu rapide que nous allons en faire suffira cependant à nous donner une idée générale de la législation municipale de Besançon.

Laissant de côté l'édit contre les hérétiques dont nous avons donné, dans un chapitre précédent, un exposé détaillé, nous examinerons successivement quelques-unes des ordonnances les plus importantes ou les plus curieuses rendues par les gouverneurs.

Au premier rang se place certainement un édit du 24 février 1534, rédigé dans les termes suivants :

« Gouverneurs, suivant l'advis et délibération des notables et peuple de ceste Cité :

» Défense de blasphémer : amende de soixante solz la première fois, de cent la seconde, et de dix livres la troisième ; un tiers à la chasse des saints Ferreol et

(1) Registres municipaux, n° 14, 18 novembre 1532.
(2) Registres municipaux, n° 41, 2 décembre 1586.

Ferjeul, un tiers aux pauvres, un tiers aux révélateurs.

» Défense de soy donner au dyable : amende.

» Défense à toutes femmes âgées de moins de cinquante ans faire demeurance ou converser suspectement avec prêtres, religieux ou gens d'église.

» Ordre de révéler tel commerce dans les vingt-quatre heures à tous ceux qui le sauront.

» Défense de loger cantonnières, femmes suspectes de prestres ou maqueraulx.

» Ordre à toute femme et chambrière de prestres, âgées de moins de cinquante ans, de déloger d'avec eux dans trois jours.

» Défense à tous pères et mères, faire ou souffrir maquerelage de leurs filles et aux marys de leurs femmes (1) . »

La mauvaise intelligence qui régnait entre le chapitre et la commune apparaît clairement dans cet édit ; prenant prétexte des mœurs dissolues des chanoines, les gouverneurs prescrivent des mesures de police destinées à y mettre fin, mais surtout à leur permettre de pénétrer à tous moments dans le quartier capitulaire et d'y faire des perquisitions domiciliaires. L'émotion provoquée par ce règlement fut considérable ; les chanoines protestèrent avec énergie contre les prétentions de la commune et se plaignirent à l'empereur. Devant une pareille opposition, les gouverneurs suspendirent les poursuites, mais l'édit n'en persista pas moins jusqu'à la chute de Gauthiot d'Ancier, qui en avait été l'inspirateur.

La corruption était d'ailleurs générale dans la Cité ; c'est du moins ce que nous pouvons conclure des nombreux édits qui s'efforcent de porter remède à la licence

(1) Registres municipaux, n° 15, 24 février 1534.

des mœurs : interdiction d'ouvrir des « estuves » communes pour hommes et femmes, d'employer des servantes dans celles réservées aux hommes, des serviteurs dans celles réservées aux femmes (1) ; réglementation sur les filles publiques auxquelles un édit enlève le bénéfice d'une ancienne coutume en vertu de laquelle, à chaque mariage, les nouveaux époux étaient tenus de leur faire don de quelques pièces de monnaie.

Les statuts des gouverneurs, dont un recueil manuscrit, appartenant à M. Billard, nous a transmis la teneur, fixaient la conduite à tenir par les citoyens en cas d'alarme, les lieux où ils devaient se rassembler, les personnes chargées de garder les clefs des portes ; nous y trouvons également la réglementation d'une institution fort originale, véritable école de politique, destinée à former de futurs administrateurs :

« Nous, lesdits gouverneurs, serons tenus par nos
» serments et sans faveur ou amour, élire cinq ou six
» plus ou moins jeunes gens natifs de la Cité, de bonne
» condition et maisons de la courte ou longue robe, et
» soit aussi qu'ils soient des vingt-huict ou autres, qui
» seront appellés les jeunes auditeurs, lesquels seront
» tenus comparoir quand nous les manderons, et seoir
» au siège des notables pour voir, ouïr et entendre le
» train et conduite de ladite Cité, en leurs défendant
» comme nous leurs défendons parler ni dire mot, si
» par nous ne leur est quis et demandé leur avis ; et
» lesquels seront tenus faire le serment estre bons,
» beaux et obéissants, à nous tenir secret ce qu'ils
» verront et entendront pour chasser le profit de ladite

(1) Les étuves étaient devenues de véritables lieux de débauche ; deux enfants de 10 ans y ayant été trouvés couchés avec une femme, les gouverneurs les firent détenir en prison pendant trois jours puis les remirent à leurs parents, avec ordre de « les bien battre de verges ».

» Cité et éviter le dommage à peine que dessus. »

Signalons encore la procédure imposée en cas d'accusations portées contre les gouverneurs :

« Toutes et quantefois que ceux ou celui cy après qui » proposera suspition contre nous ou aucuns de nous, » que icelui proposant même sera tenu même exhiber la » cause de suspition par écrit, et avec ce sera tenu con- » signer réellement et de fait es mains de notre tréso- » rier, la somme de cent solz estevenants et après vũe et » ouïe la réponse dudit ou desdits allégués suspects et » les causes de ladite suspition si elles sont trouvées » par nous raisonnables, ledit suspect ne se trouvera en » quelconques délibérations de ladite cause raison veut » et leurs seront renduz leurs cent solz, et si lesdites » causes de suspition alléguées ne sont trouvées par » nous raisonnables ledit proposant perdra son dépôt de » cent solz, lequel sera commis et appliqué comme com- » mettons et appliquons à ladite Cité, et payera dépens » raisonnables dudit interlocutoire, et avec ce l'amen- » dera audit suspect du déshonneur que fait luy a été, » à notre advis. »

Une autre ordonnance faisait défense aux gouverneurs, jeunes auditeurs, secrétaire, trésorier, contrôleur, sergent d'honneur ou forestier, et autres juges de la Cité « de prendre dépost en ses mains, ni admodier » par luy ou par autrui, soit publiquement ou secrètement, aucunes ventes, droits et revenus appartenant » à ladite cité et domaine d'icelle », et cela, pour que la Cité put en retirer un meilleur parti.

Un des statuts de police les plus développés réglementait d'une façon minutieuse la construction des édifices et les mesures à prendre en cas d'incendie. La ville, en effet, avait eu plusieurs fois à souffrir du feu ; plusieurs quartiers venaient d'être la proie des flammes et c'était pour prévenir le retour de pareilles catastrophes que les gouverneurs se décidèrent à prendre d'énergiques mesures.

Dorénavant, et la règle s'en est maintenue jusqu'à nos jours, il était interdit de bâtir autrement qu'en pierres de taille, « sans faire aucuns avant-saillies ou advencissement en iceux, si pour l'embellissement de » l'œuvre n'y étoit érigé de pierre comme dessus, sur » bons et suffisants embouchements, quelques petites » tournelles rondes, quarrées, ou à plusieurs pans et » fenestres à ce requises et nécessaires par notre advis » ou de nos commis. »

La construction des cheminées est soumise à des précautions rigoureuses ; les gouverneurs en profitent pour établir des règles sur la mitoyenneté des clôtures : les voisins pouvaient établir des cheminées dans les murailles communes et faire couper « à rays et fleur au parement de la muraille » les poutres qui s'y appuyaient ; il était défendu de faire « paroys contre paroys ni aussi » faire foyer entre deux paroys communes et particu» lière, mais se feront de murs ou quarrons dez le bas » au contremont passant les toits jusqu'au plus haut.

» Si l'un des voisins veut faire un mur au lieu de » paroys ruineuse le pourra faire et sera en ce préféré » à celui qui voudra faire et entretenir ladite paroys, en » baillant terme compétant à son voisin, s'il est pauvre » de payer sa part selon que par nous ou nos commis » sera déclaré y être tenu, et si ledit voisin est puissant » pour ce faire sera tenu y contribuer au semblable de » son dit voisin œdificateur.

» Murailles communes entre deux parties se pourront » hausser par celle desdites parties qui voudra pour sa » commodité et à éviter les inconvénients de feu, » laquelle se fera à ses frais si l'autre partie n'y veut

» contribuer et néanmoins sera tenu en payer sa part et
» portion toutes et quantefois qu'elle y voudra fermer et
» prendre ses droits, et en signe de ce la partie œdifiant
» pourra mettre bouchot sur bouchot à droit et à revers
» au lieu ou il commencera l'accroissement de ladite
» muraille. »

La servitude si rigoureuse de l'alignement existait déjà à cette époque, « et si aucuns veut réparer le front » de sa maison en quelque partie ou manière que ce » soit où il y ait de présent aucune desdites avant » saillies, sera tenu de réduire tout ledit front à une » avant saillie seulement à ladite mesure de demie » aulne. »

On connaissait même l'expropriation forcée pour cause d'utilité publique, « et si aucunes maisons se trouvent » avoir lesdites avant-saillies causant difformité évident » danger de feu, et empeschant la rescousse d'iceluy, » seront par nos commis et lesdits quatre visitées pour » après leur rapport y pourvoir et les faire réduire à » l'embellissement de ladite cité et à toute sûreté de feu. »

Il était interdit aux marchands d'encombrer les rues, « d'y mettre tables ni plaques d'harengs et autres choses ».

Les avant-toit devaient être assez élevés pour qu'un chariot chargé de foin puisse passer dessous, et construits de telle façon qu'ils puissent être démolis très rapidement en cas d'incendie.

Les mesures les plus originales sont celles qui déterminent le rôle de chaque catégorie de citoyens en pareil cas. Il s'agit d'abord d'obliger tous les habitants à coopérer aux secours : « Si l'on sonne au feu, les portiers des » cinq portes seront tenus fermer lesdites portes sans » laisser sortir personne hors ladite cité, pour incontinant aller à la rescousse dudit feu.

» Après que l'on sonnera au feu, tous citoyens seront » tenus mettre à sûreté les feux de leurs demeurances et » si c'est de nuit mettront chandelles allumées dedant » lanternes devant leurs maisons, et ceux qui auront » falonchaux devant leurs dites maisons les devront » allumer. »

Les statuts prévoient ensuite des obligations spéciales pour chaque corps de métier : « Les massons, chappuis, toitots, platrisseurs et gissiers seront tenus à leurs frais avoir en leur maison trois échelles : l'une grande, l'autre moyenne et la troisième petite. » C'est à eux qu'incombe la tâche principale ; sous la direction des gouverneurs chargés du service d'ordre en cas d'incendie, ils doivent combattre le feu par tous les moyens appropriés.

Les articles fixant le rôle des charretiers, chambrières et filles publiques méritent par leur originalité d'être reproduits *in extenso :*

« Tous charlons, incontinant que l'on sonnera au feu » avec leurs chariots, charrettes, vaissaux, haisselos, » porteront eau audit feu dont le premier aura cinq solz, » le second quatre, le troisième trois, le quatrième deux » solz et le cinquième et autres chacun un sol, en ce » non compris leurs journées dont ils seront bien payés » et contentés.

» Chambelières et autres serviteurs par la licence de » leurs maîtres incontinant la cloche sonnée à l'effroy, » seront tenus porter chacun une seille d'eau audit feu.

» Semblablement toutes filles communes comme a été » de coutume du temps passé, viendront à la rescousse » dudit feu faire leur devoir et y demeurer jusqu'à la fin » à peine d'en être punie arbitrairement. »

Il n'est pas jusqu'aux mendiants et aux gens d'église qui ne soient tenus de courir au feu et de faire leur devoir de leur mieux.

Enfin des mesures de sécurité et de précaution sont prescrites. En cas de bise ou de vent, chaque citoyen est tenu de mettre devant sa porte une seille remplie d'eau ; les cheminées doivent être ramonées quatre fois par an sous peine d'une amende de vingt solz.

« Mareschaux, argentiers, orphaivres, pothiers de » cuivre, d'estaing, forniers, patissiers et tous autres » n'ayant à faire ni mettre en leurs maisons charbons, » braises ou cendres qu'elles ne soient bien éteintes, » refroidies et en lieu sûr. »

Aux tanneurs il est interdit de garder chez eux des écorces, enfin « l'on défend à tous faire brûler porcs en » ladite cité à heure du matin qu'il ne soit une heure de » jour ou plus, ni aussi du soir après le coup sonné » pour fermer les portes, tant pour danger de feu, que » pour éviter le peuple estre émeust par un son de » cloche. »

Ces statuts étaient considérés comme intéressant au plus haut degré l'ordre public, et chaque année avant d'entrer en charge les gouverneurs devaient prêter le serment de les garder et observer inviolablement.

Nombreuses étaient encore les applications du pouvoir de police des gouverneurs : c'étaient eux qui fixaient la date des vendanges, attribution fort importante étant donné le rôle que jouait la vigne dans la vie de la Cité ; l'immense majorité des citoyens était composée de vignerons et la ville veillait à la conservation de son vignoble avec un soin jaloux ; les plans qu'il était permis de planter étaient méticuleusement spécifiés ; toute contravention entraînait des peines sévères qui pouvaient aller jusqu'à l'emprisonnement et au bannissement.

Ils s'arrogeaient également le droit d'interdire, sous peine d'amende et de confiscation, la vente de certains livres dans la Cité ; pareille mésaventure arriva à Gollut, dont les Mémoires historiques de la République séquanaise contenaient, s'il faut en croire la sentence prononcée, « erreurs, mensonges, choses apocryphes contre les droitures impériales, libertés, privilèges, antiquité et franchises de ceste cité » (1).

Se prévalant de leur pouvoir de police, les vingt-huit notables qui, pendant l'interrègne, jouissaient de toutes les attributions des gouverneurs, autorisèrent, en 1545, les sieurs de Chenecey, d'Anvers et Buzon, bannis pour cas de Lutherie, à rentrer dans la Cité ; cette mesure provoqua de graves incidents. Le lieutenant du juge de l'empereur prétendit qu'étant de moitié avec les gouverneurs dans la juridiction de la Cité, aucune décision ne pouvait être prise sans son autorisation ; il somma les vingt-huit de revenir sur leur acte et informa son chef, M. de Granvelle, de ce qui s'était passé ; celui-ci ne se contenta pas des explications des vingt-huit ; il exigea leur châtiment, « autrement il les fera punir par ceux de Dôle qu'il fera commettre à ce par l'empereur, et que l'on prendrait les vingt-huit comme vingt-huit, ains comme particuliers ». Les gouverneurs se trouvaient cruellement embarrassés ; la conduite des notables était certainement conforme aux usages de la Cité ; mais s'ils ne cédaient pas, ils avaient à redouter la colère de M. de Granvelle dont l'influence, auprès de l'empereur, était toute puissante ; cependant, après plusieurs démarches, M. de Granvelle consentit à renoncer au châtiment des vingt-huit à condition que toute la procédure accomplie par eux serait considérée comme non avenue ; il fallut bien se contenter de cette concession, mais pour éviter de créer un précédent, on

(1) Registres municipaux, n° 43, 15 et 28 janvier 1593.

stipula que cet acte ne préjudicierait en rien aux privilèges de la Cité (1).

Sur quel territoire s'étendait le pouvoir de police des gouverneurs ? Depuis la suppression du droit d'asile attaché à la rue Saint-Paul, ils considéraient comme de leur ressort la ville toute entière, mais ils se heurtaient à l'opposition du chapitre métropolitain qui avait la prétention d'exercer seul ce pouvoir dans le quartier capitulaire ; il en résultait d'incessants conflits ; nous avons déjà eu l'occasion d'examiner l'un des plus graves, celui dont fut cause l'édit sur les servantes de prêtres ; il y en eut d'autres très violents à propos des vignes, pour la culture desquelles les chanoines refusaient d'observer les ordonnances des gouverneurs ; nous nous bornerons à étudier un conflit dont les chroniques du temps (2) nous ont transmis les détails curieux et qui aura en outre l'avantage de mettre en relief, d'une façon fort nette, les prétentions réciproques des deux parties :

« La curiosité du chapitre de Besançon de mettre la
» faucille en la moisson d'autrui, fut cause que le jour
» de Pasques un larcin ayant esté fait par un coupe-
» bourse françois proche l'église Saint-Estienne, parmi
» la multitude du peuple qu'étoit lors assemblé pour
» l'ostension du Saint-Suaire, les sieurs chanoines
» Rhodi et Tissot quittant le Saint-Office de la messe
» qui se célébrait en ladite église, s'ingérèrent de
» fouiller, visiter, reconnoitre et interroger celui qui
» étoit accusé dudit larcin comme s'ils eussent voulu
» en prendre cognoissance, car le prétexte que l'on a
» voulu depuis prendre de tels recherches, scavoir que
» c'était pour voir s'il n'avait rien dérobé en ladite

(1) Registres municipaux, n° 24, 28 juin, 31 juillet, 31 août, 3, 4 et 6 septembre 1545.

(2) Recueil manuscrit appartenant à M. Billard.

» église est une invention excogitée du depuis pour » excuser ce qui de soy n'étoit excusable, joint que la » visite des épaules dudit larron pour voir s'il avait » point été marqué par justice est un acte qui ne peut » être couvert par ladite allégation. Mais non contents » de ce lesdits chanoines ayant tirés ledit larron de » ladite église, comme lors se seroient présentés aucuns » officiers et sergents de l'hôtel consistorial de ladite » cité pour le saisir et mener es prisons, lesdits sieurs » Rhody et Tissot les auraient repoussés et leurs au» roient dit qu'ils n'avaient la aucun pouvoir et ne leur » appartenait de saisir le prisonnier audit lieu et que » lors qu'ils l'auraient conduit hors de l'enclos du cha» pitre et au lieu ou leur pouvoir se peut extendre ils » feroient ce qui seroit de la justice, et par effet ayant » ledit Rody saisit ledit larron par le bras et ledit Tillot » marchant devant ils le menèrent jusques dehors du » quartier où sont leurs maisons et là le remirent es » mains dudit sergent pour le réduire ès prisons publi» ques avec termes qui en effet importaient que le » magistrat de la cité n'avait aucune authorité de » prendre ou saisir aucun prisonnier dans ledit quar» tier et qu'au contraire c'était à eux que le droit en » compétoit. »

Les gouverneurs, froissés de ces prétentions, firent demander au chapitre de démentir les allégations des sieurs Rhody et Tillot, lui exposant qu'il n'était point question d'attenter aux privilèges des chanoines puisque le voleur n'appartenait pas à leur corps ni ne faisait partie de leurs domestiques, et qu'en outre les faits s'étaient passés dans la rue commune qui est *juris publici* et sur laquelle les chanoines ne pouvaient s'attribuer aucune autorité ; le chapitre fit une réponse évasive, se contentant de déclarer qu'il n'entendait acquérir aucun droit nouveau. Sur quoi les gouverneurs, pour affirmer leur pouvoir de police dans le quartier capitulaire, condamnèrent le voleur à être frappé de verges dans le lieu même où il avait commis son délit.

Laissons de nouveau la parole au chroniqueur qui nous dépeint avec tant d'ironie les événements qui suivirent :

« Mais lesdits sieurs chanoines en ayant été avertis » se résolurent de par toutes voyes en empêcher l'exé- » cution et, pour délibérer sur le moyen de ce faire, » s'étant assemblés capitulairement, l'on est fort bien » avertit contre l'avis des plus sages et avisés, l'opinion » des plus jeunes, plus bouillants et plus mal effec- » tionnés à ladite Cité le gagna, qu'étoit d'hazarder » plutôt la violation des choses saintes que de permettre » ladite exécution.

» Et par effet s'étant assemblés en l'une de leur église » et ayant fait comminer de peines et de privations de » prébandes ceux qui sagement désiraient l'exempter » d'une résolution si mal prise, commencèrent dès » environ l'heure de midi de faire diverses processions » avec le très saint sacrement de l'autel et autre sanc- » tuaires à l'entour de certains arbres qui sont aux » environs de leur église, qu'étoit une chose contre » toutes formes anciennes et contre toute bienséance » et qui ne se faisait avec aucune dévotion ni bonne » intention, ains seulement pour avoir la commodité de » se jeter au devant de l'exécution dudit criminel pour » empêcher la justice avec le très saint sacrement. » Cependant le juge de la Cour de Mairie de l'autorité » duquel comme officier de son excellence prince » d'Orange se devait faire ladite exécution ayant été » averti des processions que lesdits chanoines faisaient,

» estimant qu'il y eut audit chapitre quelques fêtes ou
» solennité extraordinaire avoit sursis ladite exécution
» dez l'heure de midi à laquelle se font les exécutions de
» ladite justice jusqu'aux 3 ou 6 heures du soir, qu'esti-
» mant que lesdits sieurs auroient parachevé leurs
» dévotions, il auroit fait prononcer la sentence audit
» criminel, et l'auroit remis es mains de l'exécuteur et
» autres officiers de justice pour en être faite l'exécution
» selon ladite sentence. Mais lesdits sieurs chanoines
» qui étoient demeurés en ladite église ayant été avertis
» par les sentinelles et épies qu'ils avoient audit effet,
» que ledit criminel venoit et étoit près de passer sous
» l'arc triomphal qu'est proche ladite église, sortirent
» abruptement d'icelle en tel désordre et confusion que
» le sieur de Montfort qui pour sa dignité portoit le
» Saint-Sacrement et devoit marcher le dernier fut le
» premier dehors, et ainsi pesle mesle l'un parmi l'autre
» sans aucuns flambeaux sinon d'une couple de cierges
» éteints se présentèrent au devant dudit criminel et du
» bourreau qui le conduisoit pour les empêcher de
» passer outre à ladite exécution.

» Auquel instant combien que parmi la multitude du
» peuple qui suit ordinairement telle exécution crimi-
» nelle, qu'est pour la plus part d'enfants et jeunes gens
» de basse condition, il n'y en eut un seul qui ne se mit
» en devoir de révérence et respect, s'étant mis à genoux
» tous ceux qui par la foule et presse qui étoit audit
» lieu le purent faire et tous les autres s'étant mis à
» découvert et levé les chappaux, néanmoins lesdits
» sieurs chanoines qui ne cherchaient audit acte que
» d'acquérir quelque prise sur les citoiens de ladite cité
» pour les acculper d'irrévérence envers les sanctuaires
» qu'ils portoient, taschèrent par tous moyens de leur
» donner quelque sujet de scandale, car ceux qui por-

» toient le daix ou poêsle sous lequel étoit porté le Saint-
» Sacrement ouvrirent les batons dudit daix tant qu'il
» leur fut possible d'un côté et d'autre afin de con-
» traindre ledit criminel de passer par dessous, ce que
» néanmoins ne fut fait. Les autres qui portoient les
» reliquaires d'argent de ladite église qui sont gros et
» pesants les présentaient au devant des personnes et en
» frappoient de grands coups sur le nez des chevaux
» avec grande horreur et scandale, en quoy particuliè-
» rement fut remarqué l'animosité des sieurs chanoines
» Sarragnoz et Tissot, les autres prenant les chevaux
» des officiers par les brides et tachoient de les con-
» traindre de passer au travers desdits sanctuaires et
» les traiter avec de tels façons que les arnachements
» desdits chevaux en furent entièrement déchirés et
» rompus.

» Cependant la populare s'étant reserrée contre les
» murailles qui sont de l'un des côtés de la rue fit place
» et donna passage audit criminel qui fut conduit sans
» autre émotion ez lieux où il avoit été ordonné par
» ladite sentence. »

Force restait donc à la commune et en fait, sinon en droit, les chanoines durent s'incliner devant le pouvoir de police des gouverneurs.

CHAPITRE VI

JURIDICTION CRIMINELLE

La Procédure accusatoire. — Le Procureur de la Cité. — Les Flagrants délits. — L'Instruction. — Le Jugement. — L'Exécution. — Les Peines.

Le droit de police dont jouissaient les gouverneurs devait les pousser à s'emparer d'un pouvoir plus important encore et à s'assurer la haute main sur tout l'exercice de la justice. Nous avons vu que la Sentence de Mayence accordait aux citoyens, comme garantie contre les abus d'autorité des juges séculiers le droit, en cas de poursuite criminelle, de demander le renvoi du procès devant un jury spécialement élu pour la circonstance et auquel seul appartenait le droit de rendre une sentence définitive. Les gouverneurs ne tardèrent pas à accaparer cette fonction et à statuer dans les procès pour lesquels les accusés demandaient le jugement de leurs concitoyens sans que cette usurpation ait paru provoquer la moindre opposition de la part des habitants ; cette première conquête ne tarda pas à être suivie d'une autre, et en 1290 nous les voyons juger non seulement les causes criminelles, mais encore les causes civiles ; en outre, à l'origine, le renvoi devant le jury était facultatif et dépendait uniquement de la volonté des parties, tandis que plus tard il devint interdit aux juges séculiers de prononcer aucune peine sans que la sentence ait été approuvée par les prudhommes. Les gouverneurs, par des empiètements successifs, sont donc arrivés à réduire les autres tribunaux de la Cité à un rôle tout à fait secondaire, à faire d'eux de simples agents d'instruction et d'exécution, et même, dans certains cas, à se passer entièrement de leur concours.

La procédure, en matière criminelle, présente un réel caractère d'originalité. A une époque où depuis longtemps déjà, dans tous les pays voisins, et particulièrement en France (1), la procédure inquisitoire avait entièrement supplanté sa rivale, nous voyons, au contraire, la procédure accusatoire demeurer la seule en vigueur à Besançon, jusqu'à la fin du XVIIe siècle ; elle s'y maintint aussi longtemps que la Cité conserva son indépendance et ne disparut qu'avec la conquête française. Une survivance aussi prolongée s'explique par les garanties que présentait ce système pour des citoyens épris de liberté comme l'étaient les habitants de Besançon ; l'obligation de trouver un accusateur qui consentît à assumer la responsabilité de sa poursuite empêchait les abus de pouvoir trop faciles à commettre lorsque l'autorité détient sans contrôle l'action publique ; les inconvénients que dans certains cas ce système aurait pu présenter étaient atténués par l'institution du procureur de la Cité.

Comment la justice était-elle saisie ? Il nous faut distinguer le système ordinaire et le système des flagrants délits qui obéit à des règles spéciales.

Le système ordinaire que nous examinerons en premier lieu est celui de la procédure accusatoire dans toute sa rigueur ; aucune poursuite ne peut être intentée sans que le plaignant ne se porte accusateur.

(1) Ordonnances de 1498 et de 1539.

Deux voies lui sont ouvertes : il peut se contenter de faire « ajourner » l'accusé devant l'une des justices ; la procédure est alors en tous points conforme à celle d'un procès civil. Il a, d'ailleurs, toujours le droit, avant que la sentence définitive soit intervenue, de se désister de sa plainte, s'il craint de ne pouvoir établir la culpabilité de son adversaire. Les registres municipaux nous ont conservé les détails d'un procès dans lequel nous trouvons précisément un exemple de désistement (1). Il s'agit d'un sieur Perrin qui accuse deux autres citoyens de Besançon, nommés Jacquet et Viennat, d'être les assassins de sa femme ; la poursuite a été intentée devant le tribunal de Mairie ; Viennat proteste de son innocence et demande le jugement des prudhommes ; sur quoi Perrin, craignant de ne pouvoir le convaincre, déclare renoncer à la poursuite contre lui ; Viennat est donc absous ; quant à Jacquet, les prudhommes le condamnent par défaut à être pendu.

L'accusateur a intérêt à se montrer prudent et à ne pas intenter un procès à la légère, car s'il ne se désiste pas à temps et que l'accusé soit reconnu innocent, il s'expose à des peines sévères.

Lorsque l'accusateur redoute que l'accusé ne profite de l'état de liberté dans lequel il est laissé jusqu'au procès pour se soustraire, par la fuite, à la condamnation, il peut exiger son arrestation immédiate, mais cette mesure est soumise à une garantie des plus sérieuses, car elle entraîne l'obligation pour le plaignant de se constituer également prisonnier ; en fait, il obtient le plus souvent sa mise en liberté sous caution. C'est ce que nous pouvons remarquer dans le procès pour sorcellerie intenté contre Henriette de Crau, qui nous fournit,

(1) Registres municipaux, n° 1, 2 juin 1381.

en outre, une preuve de la rigueur avec laquelle les gouverneurs exigeaient des différentes justices le respect des règles de la procédure accusatoire (1).

Henriette de Crau, que l'inquisiteur de la foi et l'official ont déclarée hérèse et incorrigible et abandonnée à la justice séculière, a été arrêtée et incarcérée par Jehan des Roches, gouverneur de la cour de Régalie. « Lundy suivant furent les gouverneurs en Court de » Régalie et firent venir devant eux ladite Henriette et, » par la voix de maistre Estienne de Grantwaulx, leur » gouverneur, fut demandé audit Jehan des Roches s'il » avait point d'accuseur, lequel dit que non ; adonques » les gouverneurs allèrent en jugement et rapportèrent, » par la voix dudit maistre Estienne que indehuement » elle étoit détenue vehuz qu'il n'y avait point d'accu» seur et pour ce ils la délivrèrent desdites prisons » franchement. Ladite Henriette s'en allant, Richard » Ferrière citien de Besançon dit qu'il l'accusait de cas » de crisme et de hérésie et fit mettre la main à elle par » les sergents de ladite Cour et à luy aussi comme accu» seur, et adonques elle fut ramenée en jugement et fut » ledit Ferrière délivré de prison à caution juratoire et » leur fut journée assignée au samedi suivant 13 du » mois (2). »

Dès une époque très reculée, nous remarquons cependant l'existence du procureur de la Cité investi, dans

(1) Registres municipaux, n° 2, 7 mars 1434.

(2) Henriette de Crau était accusée des crimes suivants : Guérison de malades par paroles et invocation de diables, par lesquels diables elle a sceu les secrets et les a révélés ; — par plusieurs fois a monté sur une remesse, allant subitement de lieu à autre (en ayant oing ladite remesse avec des onguents faits d'os d'enfants), pour aller commettre le péché charnel ; — invoquant le prince des diables en disant trois fois : Belzébuth ; — a rosti en son hostel un enfant en présence d'un diable qu'elle nommait Robert, estant avec elle pour faire les oignements. —

certains cas, des fonctions de ministère public : un moine, Jehan dit Loys des Marches, a été accusé d'hérésie (1) ; après avoir été dégradé par l'archevêque, il est remis à la justice séculière et emmené dans les prisons de la Régalie ; « en qui fut Hugues Bachelerie procu-
» reur du communz de Besançon, ensemble les gouver-
» neurs et grant quantité de genz de Besançon, liquelx
» Hugues accusit et fit paine par Odot d'Arbois qui
» adonques occupait le siège de la Régalité de Besançon,
» ledit Jehan lui accusant sur cause de hérésie, de sodo-
» mie, de ypocrisie et sur ce qu'il avait desterré mors
» pour faire poure à décevoir les femes et sur
» plusieurs autres causes criminez, requerrant audit
» Odot que sur ce li flest raison et envoihet en juge-
» ment li prodomes de Besançon sur ce, à la menière
» accutumée ; liquelx Odot incontinent alit seoir au
» siège de la Régalité en la présence duquel et desdiz
» gouverneurs confessit li diz Jehan la chose proposée
» contre ly par ledit Hugues estre veray ; laquelle chose
» confessée requit li diz Hugues que sur ce li diz Odot
» vuillet envoyer les prodomes et bourgeois de Besançon
» en jugement ; quoy et fit li diz Odot et subséquenment
» furent en conseil les bourgeois et esseiz d'autres de
» Besançon. »

L'existence d'un procureur poursuivant d'office dans certains cas est donc incontestable, dès le XIVe siècle ; de

a mangé de la chair rostie dudit enfant ; — les diables entraient dans son hostel par petites fenêtres ; — deux de ces diables ont mis à mort une femme malade dans ledit hostel ; — a fait hommage à son diable d'un sien poulain que l'on ne revit plus ; — monta plusieurs fois sur son diable qu'elle nommait Robert, lequel la conduisit d'une traite jusqu'à Milan ; — et autres horribles hérésies commises depuis cinquante ans en ça. — Henriette fut reconnue coupable de ces différents crimes et condamnée par les gouverneurs à être brûlée vive.

(1) Registres municipaux, n° 1, 17 septembre 1381.

nombreux crimes, particulièrement ceux d'hérésie ou de sorcellerie, auraient pu rester impunis, aucun citoyen n'étant directement intéressé à leur répression et ne se souciant d'assumer la lourde responsabilité d'une poursuite ; c'est pour remédier à cette situation qu'avaient été établis les procureurs ou syndics de la Cité ; ce n'était pas là un abandon du système accusatoire, car ces magistrats étaient loin de posséder un pouvoir analogue à celui du ministère public moderne ; ils ne jouissaient d'aucun droit spécial dans la poursuite, et sauf l'absence de responsabilité personnelle en cas d'acquittement, ne se distinguaient en rien d'un citoyen quelconque qui se porte accusateur.

Les statuts rédigés en 1544 précisent les cas dans lesquels doit intervenir le procureur (1) :

« Lesdits gouverneurs ne relèveront poursuite criminelle ou pour délit du syndicque de ladite Cité ou » autres sans accusations légitimes et selon les privi» lèges de la dite Cité, et n'entend-on que les sergents et » officiers d'icelle soient accusateurs légitimes, sinon en » cas de larreçins, homicides ou conspiration contre » l'empereur et ladite Cité, et néantmoins si quelqu'un » est emprisonné pour lesdits cas ou l'un d'eux, dans » trois jours après ledit emprisonnement seront convo» qués lesdits vingt-huit et sera selon l'advis desdits » sieurs gouverneurs et d'eux à procéder contre ledict » prisonnier comme il appartiendra. »

Il est d'ailleurs prescrit que même en cas de poursuite par le procureur, la procédure habituelle doit être en tous points observée :

« Item, désormais es cause de sindic se fera publica-

(1) Statuts, règlements et ordonnances faictes en l'assemblée générale des citoyens de Besançon, brochure de 16 pages imprimée en 1644.

» tion de toutes enquestes d'informations, recours et am-
» pliations qu'autres tout, ainsi qu'en une cause civile,
» dont chacune partie en aura copie si bon lui semble. »

Si attachée que fut la cité de Besançon à ses traditions, elle n'en subissait pas moins, dans une certaine mesure, l'influence du dehors ; aussi, voyons-nous, en 1650, les gouverneurs s'adresser à l'empereur pour le prier de modifier les statuts dont les vingt-huit, au contraire, réclament énergiquement le maintien :

« Attendu que le sindique n'étant déclaré dénoncia-
» teur légitime, la Fiscalité sera entièrement abolie et
» infructueuse et les crimes pourront demeurer impu-
» nis, ny ayant personne qui se veuille faire des ennemis
» en se portant pour accusateur, outre que la coustume a
» toujours esté observée au contraire. Et pour ce ladite
» Majesté déclarera s'il lui plait que ledit sindique sera
» légitime dénonciateur accordant néanmoins ce qu'est
» porté dans ledit article qu'un citoyen ne pourra estre
» détenu en prison plus de trois jours sans la partici-
» pation des vingt-huit [1]. »

Nous avons dit qu'il importait de distinguer de la procédure habituelle celle des flagrants délits auxquels il convient de joindre les crimes commis avec armes « émolues ».

Dans ces deux cas, le juge peut se saisir d'office. Cette distinction apparaît déjà dans la requête adressée par les citoyens à Rodolphe de Habsbourg, en 1290 : « Que jus-
» tisse desuis dite ne puist demander senz excusor, se
» ne est de grime noitore ou de arme amoluie por férir
» ou por faire ayme du férir », et l'empereur la reconnaît dans la charte qu'il leur concède : « *Nisi judex, vel ejus*

(1) Griefs prétendus par les gouverneurs de la Cité impériale de Besançon, p. 8.

» *nuncius ipsum malefactorem caperet in proprio delicto* » *illud notorie perpetrando, vel etiam perpetrato notorie,* » *vel nisi dominus agat et proponat aliquem percussisse* » *alium de qualibet arma moluta vel fecisse presump-* » *tionem de percutiendo aliquem infra civitatem pre-* » *dictam et banleiam bisuntinam.* »

Mêmes dispositions encore dans le diplôme de Charles IV (1364) et dans le traité de Rouen (1435)) qui mentionne, en outre, l'existence d'un procureur, auprès des différentes justices de la Cité, chargé précisément de poursuivre devant elles la répression des flagrants délits ou des crimes commis avec armes émoulues : « *Excepto casu de armis molutis in quo Procurator Curiæ alterius Judicum potest prosequi sine parte.* »

Des mesures énergiques garantissent la procédure accusatoire contre les atteintes qu'elle pourrait recevoir des juges séculiers. Le diplôme de Venceslas donne aux gouverneurs le pouvoir d'en surveiller l'application rigoureuse :

« Et pour ce que les dits archevêques ou leurs officiers » spirituels pourraient souventefois sans accusateur » légitime emprisonner doleusement nos dits citoyens » desquels audit cas les gouverneurs ne jugeraient pas, » ce qui serait contre les Privilèges desdits citoyens, et » dépeuplerait nostre dite Cité, obligeant plusieurs à » l'abandonner d'où elle en pourrait tomber en ruine. » Pour ces raisons désirant éviter cela de tout nostre » pouvoir, nous confirmons, approuvons et en tant que » besoin leurs concédons de nouveau ladite coutume. Et » affin que lesdits citoyens détenus aux prisons desdits » archevêques ne soient transportés de nuict ou autre- » ment hors de ladite Cité, ou de quelque autre façon » maltraités dans lesdites prisons, nous statuons et » ordonnons que lesdits gouverneurs puissent sans

» autre cognoissance de cause effectivement présenter
» ledit prisonnier audit juge temporel ou séculier de
» ladite Cité devant lequel l'accusateur le voudra pour-
» suivre, au cas que lesdits archevêques ou leurs offi-
» ciers spirituels suffisamment requis sous témoignage
» public refusent d'accomplir nostre présente ordon-
» nance, lequel juge temporel s'il veut, en présence
» desdits gouverneurs, sinon lesdits gouverneurs devant
» ledit juge temporel s'il y veut estre ou, si après suffi-
» sante réquisition il n'y veut pas estre, devant une per-
» sonne publique, interrogeront ledit prisonnier si pour
» le fait à raison duquel il est détenu il veut subir la
» juridiction temporelle ou spirituelle, et s'il dit qu'il se
» soumet à la juridiction temporelle il sera donné audit
» juge temporel, pour en estre faite justice conformé-
» ment à notre susdite Ordonnance ; que s'il répond
» qu'il se soubsmet à la juridiction spirituelle, il demeu-
» rera aux mains des juges spirituels desdits arche-
» vêques pour estre jugé justement et raisonnablement
» par leur jugement. »

La poursuite une fois intentée, comment va s'opérer l'instruction ? En principe, c'est la juridiction saisie qui en demeure chargée. Nous possédons peu de renseignements précis sur la façon dont elle y procédait ; le juge recevait les dépositions des témoins et procédait à l'interrogatoire de l'accusé ; il avait la faculté de faire usage de la question pour provoquer des aveux ; on en peut citer un exemple célèbre, celui de Lambelin ; longtemps secrétaire de la commune, il fut, après l'échec de Gaulhiot d'Ancier dont il était l'un des partisans les plus dévoués, accusé de dilapidations et appliqué à la question ; par une cruelle ironie du sort, le malheureux fut le premier à essayer un nouvel engin de torture dont il était, paraît-il, l'inventeur.

La question s'appliquait d'ailleurs assez rarement et seulement dans les cas graves ; nous voyons, en effet, qu'en 1647, le juge de la Mairie, désireux de la faire donner à une femme accusée de sortilège, en est réduit, faute d'avoir à sa disposition les instruments nécessaires, à solliciter la permission de la lui faire subir à l'Hôtel de Ville (1).

Mais si, en principe, l'instruction appartenait encore aux juges séculiers, en fait les gouverneurs s'en assuraient le contrôle. Le traité de Rouen décide que tout individu arrêté, pour quelque motif ou dans quelques conditions que ce soit, devait être sans délai interrogé par le juge en présence des gouverneurs de la Cité qui détermineraient si l'on devait instruire la cause ou relâcher l'accusé et l'accusateur ; si les gouverneurs estimaient qu'il y avait lieu de procéder à la question, ils devaient y assister et faisaient l'interrogatoire en présence du juge saisi de l'affaire et de son greffier.

Un édit de 1452 décidait qu'à chaque procès on désignerait deux gouverneurs, à tour de rôle, pour faire les interrogatoires « et autres choses nécessaires » ; si l'un d'eux manquait, il devait payer une amende de 10 sous qui était attribuée à son remplaçant (2) ; en 1542, nouvel édit : « Il a esté conclu qu'à l'advenir le président de la » semaine sera toujours commis à faire le procès du » criminel qui, en sa semaine, sera rendu à l'une des » justices, avec lequel sera commis un autre de messei» gneurs et continueront lesdits président et commis » audit procès jusques à la fin, combien qu'il dure plus » d'une semaine (3). »

Sur certains points même, les empiètements des gou-

(1) Registres municipaux, n° 78, 6 avril 1647.
(2) Registres municipaux, n° 5, 14 avril 1452.
(3) Registres municipaux, n° 23, 25 septembre 1542.

verneurs sont encore plus considérables et ils en arrivent à enlever aux juges séculiers toute collaboration à l'instruction.

Nous avons vu qu'ils étaient parvenus à acquérir une compétence exclusive pour toutes les infractions à leurs édits ; ils appliquaient, en se fondant sur le diplôme de Charles IV, la même règle aux infractions aux privilèges de la Cité. Par le traité de Rouen, ils obtinrent encore la connaissance des délits commis de nuit lorsqu'ils ne sont pas capitaux et que le plaignant n'en a pas saisi l'une des justices. Ils avaient enfin émis la prétention d'être seuls compétents pour ouvrir des informations en matière de foi ; toutefois, sur ce point, ils finirent par conclure avec l'archevêque une transaction que nous avons déjà examinée.

L'instruction une fois terminée, on passe au jugement : les gouverneurs, peut-on dire, sont véritablement les seuls juges de Besançon ; ils statuent dans toutes les affaires de quelque importance ; le régale, le vicomte et le maire ne peuvent de leur propre autorité prononcer de condamnations que dans certains cas limitativement énumérés et à des peines légères soigneusement tarifées par les diplômes. D'une façon générale, le renvoi de l'affaire devant les gouverneurs est obligatoire ; en 1407, les prétentions du régale (affaire Bobillot), revendiquant le droit de statuer lui-même dans certains cas, échouèrent, avons-nous vu, complètement, et la question, dès lors, ne fut plus jamais soulevée.

C'était seulement en cas de flagrant délit ou de crime avec armes émoulues que les juges séculiers disposaient du droit de rendre eux-mêmes la sentence, dans les limites définies par les chartes ; l'accusé avait d'ailleurs toujours le droit, même en pareil cas, d'en appeler au jugement des gouverneurs ; le diplôme de Rodolphe de

Habsbourg, après avoir énuméré les cas dans lesquels les juges peuvent infliger eux-mêmes des condamnations et fixé d'une manière très précise le taux de l'amende encourue, ajoute : « *Et si judicium requiratur* » *in predictis, ipsi cives ad illud mittendi sunt tribus* » *vicibus a domino supradicto* » ; la marche du procès était alors en tous points pareille à celle d'un procès ordinaire.

Quelle était donc la procédure à suivre ? La charte de Rodolphe et le diplôme de Charles IV nous l'indiquent à la fois pour les procès civils et pour les procès criminels. Le juge saisi de l'affaire ne pouvait prononcer aucune sentence soit provisoire soit définitive avant d'avoir renvoyé les deux parties devant les gouverneurs chargés de statuer ; si à la première fois ils ne pouvaient parvenir à se mettre d'accord pour rendre une sentence, le procès devait leur être soumis une seconde fois et même une troisième si cela était nécessaire. Si par hasard les prudhommes étaient dans l'impossibilité de siéger au jour où le procès leur était renvoyé, ou s'ils désiraient se faire assister d'un plus grand nombre de citoyens, ils pouvaient exiger du juge qu'il remît le procès à un autre jour ; ce n'était qu'au cas où au bout de trois séances ils ne parvenaient pas à s'entendre que le juge reprenait alors le pouvoir de statuer lui-même ; il est bon toutefois de remarquer dès à présent que la sentence rendue par les prudhommes n'est pas susceptible d'appel, tandis qu'au contraire, on peut toujours appeler de celle émanant d'un des juges devant la juridiction supérieure, c'est-à-dire devant la Régalie, pour les causes de la Vicomté et de la Mairie.

Il est fort probable que le cas prévu où les prudhommes ne pourraient parvenir à se mettre d'accord, n'a jamais dû se présenter, les gouverneurs avaient trop d'intérêt à conserver l'exercice de la justice pour l'abandonner aussi bénévolement.

Comment était composé le tribunal et de quelle façon se rendait la sentence ? Si nous nous plaçons postérieurement au traité de 1451, nous voyons qu'avec les gouverneurs siégeait le commis de l'empereur ; en son absence et en celle de son lieutenant, c'était le gouverneur président pour la semaine qui était chargé de le remplacer (1) ; chacun donne et motive son avis ; les décisions sont prises à la majorité des voix sans qu'aucun juge ait voix prépondérante.

Il était également d'usage d'appeler, dans les cas particulièrement graves, les vingt-huit notables à juger conjointement avec les gouverneurs ; en 1531, un jury ainsi composé condamna un prêtre nommé Robelin à être brûlé vif pour avoir fabriqué des breuvages mortels et semé des linges empoisonnés dans la ville (2). Les vingt-huit émirent la prétention de faire une règle constante de cette procédure exceptionnelle. Ils obtinrent, en 1544, le vote de statuts qui prescrivaient qu'en aucun cas les gouverneurs ne pourraient intenter des poursuites contre l'un des vingt-huit sans que ceux-ci aient été dument convoqués et aient accordé leur autorisation, et que le délinquant ne pourrait être puni qu'après avis de ses collègues. Ils allèrent plus loin encore et firent décider « que lesdits gouverneurs ne pouvaient condamner aucun citoyen à plus grande amende que de soixante sols tournois sans l'avis et participation des vingt-huit ». Pendant quelques années, cet article fut appliqué ; les registres municipaux nous montrent les notables venant assister au jugement des

(1) Registres municipaux, n° 27, 22 juin 1556.
(2) Registres municipaux, n° 14, juin à août 1532.

procès criminels et se retirant du conseil lorsqu'ils sont terminés [1]; peu à peu, cependant, il tomba en désuétude, mais un siècle plus tard, le conflit s'étant renouvelé entre les deux grands corps chargés de diriger la Cité, les vingt-huit le remirent en vigueur et exigèrent des gouverneurs le serment de s'y conformer; ceux-ci se plaignirent à l'empereur de cette restriction à leur autorité qu'ils considéraient comme incompatible avec « l'honneur du magistrat » [2]; la question demeura en suspens et l'article, sauf de 1644 à 1650, ne fut jamais appliqué d'une façon régulière.

D'importantes garanties d'impartialité étaient accordées aux justiciables. Dans le cas où le régale, le vicomte ou le maire auraient cumulé leur charge avec celle de gouverneur, les statuts de la Cité leur interdisaient de siéger dans aucune affaire intéressant leur juridiction particulière; l'on craignait avec raison que ces juges ne pussent statuer en toute indépendance après avoir déjà connu de l'affaire devant leur propre tribunal. C'est ce qui fut décidé [3], en 1541, au sujet du régale Hugues Gentel, qui se trouvait en même temps gouverneur; on décréta qu'il se retirerait chaque fois que le jugement des gouverneurs serait requis pour une cause pendante en la Cour de Régalie; Hugues Gentel ayant protesté contre cette décision, les gouverneurs en référèrent aux vingt-huit et, d'accord avec eux, conclurent que [4]: « Les juges de Régalie, Viscomté et » Mayrie de ceste Cité estans du nombre de messei- » gneurs les gouverneurs ou vingt-huit, ne rendront

(1) Registres municipaux, n° 25, 29 mai 1550.

(2) Griefs prétendus par les gouverneurs de la Cité impériale de Besançon, p. 8.

(3) Registres municipaux, n° 22, 5 août 1541.

(4) Registres municipaux, n° 22, 31 mars 1542.

» opinion ni seront présents à la décision des procès » criminels et aultres faits et pendants en leurs justices » desquels jugement de mesdits sieurs sera quis et » demandé. »

En 1551, un nouvel édit indiqua d'une façon plus précise l'attitude que devaient prendre ces juges en pareil cas (1) :

« Si aucuns juges de Régalie, Viscomté et Mayrie sont » du gouvernement de la Cité, ils ne seront présents et » n'opineront pas quand l'on concluera les procès-» verbaux de leurs justices respectives. Ils pourront » assister à la lecture desdits procès mais devront se » retirer quand on commencera à les discuter. »

Ces dispositions ne durent pas produire tous les résultats espérés ; aussi décide-t-on, en 1632, que dorénavant aucun des juges précités ne pourra être admis dans le corps des gouverneurs : les deux états sont déclarés incompatibles ; si une élection se fait contrairement à cette défense, elle sera considérée comme nulle et le candidat arrivé quinzième par le nombre des voix remplacera l'élu évincé (2).

Ce n'était pas la seule mesure qui eut été prise pour garantir aux citoyens une justice aussi équitable que possible. Ils avaient le droit de récuser les gouverneurs que leur degré de parenté aurait rendus suspects soit à l'accusateur, soit à l'accusé ; en matière criminelle, la récusation pouvait s'étendre jusqu'au 4e degré de parenté suivant le droit canon et au 8e suivant le droit civil ; de nombreux exemples en sont fournis par les registres municipaux (3).

Enfin, en dehors de toute question de parenté, il était

(1) Registres municipaux, n° 26, 9 octobre 1551.
(2) Registres municipaux, n° 63, 1er novembre 1632.
(3) Registres municipaux, n° 51, 30 décembre 1623.

prescrit à tout gouverneur suspect ou seulement tenu pour tel dans une affaire soumise au jugement de messeigneurs, de se retirer de la Chambre du Conseil jusqu'à ce qu'il ait été « advisé et conclud sur ladite affaire » (1).

Il leur était interdit également « d'estre du conseil de » ceux qui plaideront audit Hostel Consistorial ou en » justices de Régalie, Viscomté et Mairie dudit » Besançon, sinon pour leurs parents ou affins pro- » chains ».

Les gouverneurs, après s'être mis d'accord sur la sentence à rendre, ne la prononçaient pas en leur Conseil, mais déléguaient soit l'un d'entre eux, soit le secrétaire pour procéder à cette formalité devant le tribunal saisi. Le compte rendu d'un procès de 1549 nous indique comment les faits se passaient : le secrétaire envoyé par le lieutenant du juge de l'empereur et les gouverneurs s'asseoit à la droite du juge de Vicomté et prononce la sentence en présence du prisonnier et sur les réquisitions du syndic de la Cité (2).

Ce n'était pas une vaine formalité mais une conséquence de cette règle que les justices ordinaires étaient seules chargées de l'exécution des jugements. Le cas où elles s'y refuseraient était d'ailleurs prévu ; le diplôme de Venceslas permettait alors aux gouverneurs d'y procéder eux-mêmes :

« Ordonnons que si lesdits justiciers temporels ou » séculiers de nostre dite Cité ou leurs officiers suffi- » samment requis sous témoignage public refusent de » l'exécuter, en ce cas seulement les gouverneurs de » nostre dite Cité le puissent mettre à exécution de leur

(1) Statuts, règlements et ordonnances, p. 8.
(2) Registres municipaux, n° 25, 25 novembre 1549.

» propre autorité sans autre cognoissance de cause ni » offense de personne. »

Aux justices chargées de l'exécution des sentences incombait également l'entretien des signes patibulaires de la Cité ; s'il faut en croire les nombreuses réclamations formulées par les gouverneurs, elles témoignaient d'une grande négligence dans ce service, à tel point qu'en 1561 un patient dut attendre plusieurs jours la réparation du gibet pour être pendu (1).

Quelles étaient les peines prononcées ? Nous savons qu'au cas de flagrant délit ou de crimes commis avec armes émoulues, les juges ordinaires pouvaient prononcer la sentence ; mais les diplômes leur enlevaient tout pouvoir d'appréciation et déterminaient rigoureusement la peine infligeable à chaque infraction : une amende de 60 solz et la perte du poing contre celui qui aura frappé avec armes émoulues ; l'amende seulement lorsqu'il n'y aura eu que tentative.

Quant aux gouverneurs ils paraissent, au contraire, jouir du plus complet arbitraire dans le choix des peines. Elles sont parfois fort curieuses et méritent d'être examinées.

Pour le vol, les peines sont très variées, allant depuis la simple amende jusqu'à la peine de mort ; nous citerons, à titre d'exemple, la condamnation de Pierre Turin qui offre l'avantage de nous renseigner en même temps sur une coutume originale de la Cité (2). Cet individu avait été condamné à être pendu : « Nota que jay soit ce » qu'une appelée Katherine la petite eust requis d'avoir » le dit Pierre à marir afin de soy retraire de péchié et » de sa malvaise vie, néantmoing ledit Pierre a esté

(1) Registres municipaux, n° 29, 11 janvier 1561.

(2) Registres municipaux, n° 5, 11 avril 1452.

» exécuté selond la forme de ladite sentence. »

Des peines spéciales frappaient les voleurs de raisin ; ils étaient conduits sur les différentes places de la ville et exposés pendant une heure sur chacune d'elles, debout sur un cuveau, la tête couverte d'un chapeau de feuilles de vigne (1).

Le vol de nuit devait être puni la première fois de fustigation et la seconde, s'il y avait effraction, de pendaison (2).

Pour les coups et blessures, les peines sont parfois fort rigoureuses, parfois, au contraire, d'une faiblesse excessive ; un homme n'est condamné qu'à huit jours de prison au pain et à l'eau pour avoir donné à sa femme un coup de couteau qui a failli entraîner la mort (3).

La peine capitale sanctionne le plus souvent l'assassinat ; elle est infligée avec des raffinements de cruauté inouïs ; c'est l'application de la loi du talion dans toute sa sauvagerie : « Labourey et Doignon (4), pour meurtres
» inhumains, complot de volerie et avoir mangé du
» jambon en temps de caresme et autres crimes et délits,
» condamnés à être appliqués à la question et de là
» estre conduits pieds nus, portant chacun une torche
» de cire en mains, devant le portail de l'église Saint-
» Pierre, et là crier merci, puis estre conduits sur un
» échafaud dressé en la place du puits du marché et
» devant la maison dudit Labourey et y estant estre atta-
» chés chacun à un poteau pour y estre assommés chacun
» de trois coups des mêmes marteaux dont ils avaient
» commis lesdits meurtres puis estre égorgés d'un cou-
» teau comme ils avaient fait à un jeune enfant, nommé

(1) Registres municipaux, n° 23, 25 septembre 1543.
(2) Registres municipaux, n° 34, 25 mai 1573.
(3) Registres municipaux, n° 10, 10 juillet 1504.
(4) Registres municipaux, n° 52, 11 mai 1618.

» Antoine Coulon ; et ce fait leurs corps estre mis en » quatre quartiers et iceux attachés à des potences qui » seront plantées sur les grands chemins à chascune » porte.

» Chacun des condamnés à une amende de 500 livres » estevenants applicables à œuvres pieuses pour le » remède de l'âme de ceux qu'ils ont occis.

» A esté de plus jugé que la maison où résidait ledit » Labourey sera rasée et démolie et réduite en place » publique (1). »

Les individus convaincus de sorcellerie sont condamnés à être brûlés vifs ; les faux-monnayeurs au bannissement accompagné de mutilations cruelles : Jean Arnel, rogneur de monnaie, fut condamné « à estre » mené les mains liées aux fourches, et là lui être coupée l'oreille gauche et le poing droit, et l'un et l'autre » cloués à l'un des bras desdites fourches, puis banni et » bien confisquez, les droits de sa femme réservés (2). »

Pour le blasphème, la peine habituelle consistait dans l'ablation du bout de la langue et le bannissement perpétuel (3).

Reproduisons enfin, pour terminer, une condamnation pour excitation à la débauche :

« Une veuve condamnée pour le maquerellage par » elle fait d'aucunes jeunes filles, menée par les ser-

(1) Aujourd'hui place de la Révolution.

(2) Registres municipaux, n° 4, 28 juillet 1418.

(3) Blasphémateur qui avait dit que Dieu n'est pas assez bo. pour manger des fèves au lart en la caresme, et qu'il attendait la mynuit pour manger du rôt, de la tarte et des flans, puisque les prêtres mangent leur Dieu et en font la soupe au vin, puisque c'estoit méchamment à Dieu d'avoir fait les borgnes, boiteux et bossus.

Attendu l'énormité desdits blasphèmes qui souventefois sont causes de perdition de cités, tremblements de terre, stérilité, famine et d'aultres infinis maux.

Dimanche prochain exposé nu jusqu'à la ceinture et les mains liées,

» gents contremont la rue des Granges, jusqu'au rondel
» Saint-Quentin, puis contreval la Grande-Rue jusques
» oultre la porte de Battant, ayant un chapeau d'estrain
» en sa teste, et là le feu estre mis audit chapeau par les
» sergents et de la envoyée bannie l'espace de cinquante
» ans (1). »

Le produit des amendes infligées revenait à la commune ; le juge percevait seulement 3 sous en cas de contumace et le montant de l'amende lorsqu'il statuait lui-même en cas de flagrant délit.

Toute condamnation capitale entraînait, en outre, la confiscation des biens au profit de la justice saisie. C'était là une grosse source de revenus et il était à craindre qu'il ne se produisît, à cette occasion, des abus de pouvoir ; aussi, le diplôme de Venceslas et le traité de Rouen prescrivaient-ils des mesures rigoureuses, dans le but d'éviter toute fraude.

Les biens du criminel devaient être inventoriés par le juge en présence de deux citoyens à ce délégués par les gouverneurs de la Cité ; toutefois, cet inventaire ne devait avoir lieu qu'après le prononcé de la condamnation ; auparavant, on ne pouvait procéder qu'à des mesures provisoires consistant dans l'apposition des scellés sur l'habitation de l'accusé.

S'il était condamné à mort ou au bannissement perpétuel, ou s'il se suicidait en prison par crainte du châti-

sur un échafaud devant l'église Saint-Jean, pendant toute la procession et la grand'messe et demandera pardon.

Le dimanche suivant devant Saint-Jean-Baptiste.

Le dimanche après devant Saint-Moris.

Le dimanche après devant Saint-Pierre.

Et finalement le mercredi, dernier jour de juin, le bourreau lui coupera le bout de la langue, près du pont, et sera ensuite banni perpétuellement. (Registres municipaux, n° 18, 25 mai 1535.)

(1) Registres municipaux, n° 25, 29 mai 1550.

ment, ses biens mobiliers et immobiliers, déduction faite de ses dettes et des biens de sa femme [1], étaient confisqués au profit du juge saisi de l'affaire.

(1) Le régime dotal était appliqué à Besançon dans toute sa rigueur ; à l'exception de ceux que la femme s'est spécialement réservés comme paraphernaux, tous ses biens présents et à venir sont considérés comme dotaux. — (DUNOD, *Observations sur la coutume du Comté de Bourgogne*, p. 309 et suiv.).

CHAPITRE VII

JURIDICTION CIVILE. — VOIES DE RECOURS

La Procédure. — Compétence. — Conflits avec l'Official.
L'Appel. — L'Opposition. — La Revision.

A. — *Juridiction civile.*

Tout ce que nous venons de dire de la procédure criminelle peut s'appliquer à la procédure civile ; avec le système accusatoire, en effet, les procès criminels présentent absolument les mêmes caractères que les procès civils. Dans les uns, comme dans les autres, il y a deux parties en présence, dont aucune ne jouit d'une situation privilégiée ; aussi les différentes chartes de Besançon leur donnent-elles des règles communes : il est défendu aux juges séculiers de prononcer aucune sentence, soit interlocutoire soit définitive, tant que le procès n'aura pas été soumis aux gouverneurs, et cela jusqu'à trois fois. Le délai, pour l'intervention de la première sentence, est de trente jours ; pour les deux autres, de vingt jours chaque ; c'est seulement si, à la troisième fois, les gouverneurs n'ont pu tomber d'accord, que le juge reprend le droit de statuer lui-même. Il est bon, toutefois, de remarquer qu'en cause civile le jugement des gouverneurs n'est jamais obligatoire et n'intervient que si l'une des parties le requiert. En matière criminelle, une règle analogue s'était appliquée pendant quelque temps, mais les gouverneurs étaient parvenus à obtenir sa suppression et à établir que, dans aucun cas, sauf les exceptions prévues, les juges ne pourraient, de leur propre autorité, prononcer une sentence.

Il faut encore signaler quelques dispositions spéciales aux procès civils :

C'est d'abord un article du diplôme de Rodolphe de Habsbourg, reproduit également dans celui de Charles IV, et dont nous avons déjà eu l'occasion de parler, qui autorise les citoyens à faire saisir, de leur propre autorité, leurs débiteurs étrangers, à les détenir dans leurs prisons particulières et à se payer sur leurs biens.

L'article suivant interdit aux juges ordinaires de mettre ban ou de prendre des gages sans la permission des gouverneurs ; ceux-ci font respecter leur droit avec beaucoup d'énergie, ainsi qu'en témoigne la mésaventure arrivée en 1440 à Thomas, Joseph, sergent de la mairie [1]. Il s'était introduit dans la demeure d'un sieur Simon Lebon, citoyen de Besançon, pour y prendre des gages, en vertu d'une exécution à lui baillée par l'official du maire, au profit de Jacquot Mescherel, clerc de notaire de la Cour de Besançon ; il avait pénétré de force dans la chambre de la femme de Simon, contre le gré et la volonté de celle-ci, pour y saisir les meubles. Les gouverneurs le firent mander devant eux et le condamnèrent « à crier mercy à mesdits seigneurs, lung des genoul à terre, et chaperon sur col », après quoi ils lui ordonnèrent de restituer les gages pris par lui, en présence de deux gouverneurs,

(1) Registres municipaux, n° 3, 14 mars 1440.

du secrétaire et d'un certain nombre de témoins.

En matière civile, les gouverneurs pouvaient être saisis à tout moment et même en appel ; « et appartient » auxdits juge et gouverneurs ceste autorité que après » sentence des juges séculiers, Régalie, Vicomté et » Mairie dudit Besançon, sur les exécutions ou collo- » cations et paiements, en congnoistre quand leur juge- » ment est demandé ». Des exemples nombreux nous prouvent que les sentences de l'Officialité n'échappaient pas davantage à leur contrôle (1). Ils pouvaient être appelés à statuer sur le bien fondé d'un appel : un sieur Loys Hugon (2), curé de Marnay, ayant appelé devant la Vicomté d'un jugement de la Mairie, son adversaire Jehan Marin demanda le jugement des gouverneurs, qui déclarèrent que la cause avait été bien jugée par le juge de la Mairie et mal appelée par ledit curé, « ren- » voyant la cause de première instance audit juge de » la Mairie pour exécuter son adjugé selon forme de » droit, les dépens de la cause d'appel compensés, hor- » mis ceux qui seront faits à raison dudit jugement » quis et de la sentence sur iceluy rendue, auxquels » ledit appelant sera condamné ».

Le jeudi était spécialement affecté aux affaires pendantes devant les justices de la Cité, sur lesquelles on requérait le jugement des gouverneurs ; il leur était prescrit de n'en entendre aucune autre ce jour là, sauf celles intentées à requête du syndic.

Pour permettre aux gouverneurs d'amener plus facilement les parties à conciliation, il fut décidé qu'elles présenteraient leurs requêtes par écrit, et qu'à la première assignation on ne procéderait pas encore aux

(1) Registres municipaux, n° 16, 31 octobre 1533.
(2) Registres municipaux, n° 29, 6 juillet 1562.

plaidoiries, si ce n'est en matière de garde ou autre matière urgente.

Des mesures étaient également prises pour assurer la célérité de la procédure : les gouverneurs devaient s'assembler au son de la cloche, ou immédiatement après, pour rendre justice et ne pas faire perdre leur temps aux citoyens les attendant toute la matinée. L'édit de 1544 prescrit de juger les procès avec rapidité : « que » les procès sur lesquels sera demandé le jugement des » gouverneurs soient vidés les plus briéfvement et au » mieux que faire se pourra, mesme quand il sera » question d'une interlocutoire, laquelle se devra vuider » sur le bureau, pour relever les pauvres citoyens de » foule et frais, quantes fois que l'on le pourra faire ».

L'édit de 1644 nous indique dans quel ordre les procès doivent être jugés :

« Que les procez des citoyens soient vuidez par rooles, » selon la priorité ou postériorité de leurs exhibitions, » afin que les citoyens ne perdent leur temps à en solli» citer la vuidange avant qu'il en soit temps, excepté » les procès privilégiés des pauvres et misérables per» sonnes veuves, orphelins, prisonniers, ecclésias» tiques, étrangers et semblables, s'il n'y avait raison » au contraire. »

Lorsqu'un des plaideurs demandait le jugement des gouverneurs, on pouvait exiger de lui qu'il fît l'avance des frais :

« Dorénavant, quand en l'une des trois justices de » la Cité sera demandé le jugement du juge de l'Em» pereur et de Messeigneurs, et qu'il sera question » d'avoir argent pour le conseil, l'on demandera à celui » ou ceux qui auront demandé ledit jugement (1). »

(1) Registres municipaux, n° 25, 26 juin 1550.

Lorsque c'est un étranger, il est tenu, en outre, de prêter serment :

« Quand un étranger fera tirer en cause devant Mes-
» seigneurs un citoyen et que cet étranger ne pos-
» sédera aucun immeuble en la Cité, il devra prêter
» serment en forme de droit, combien que la partie ad-
» verse ne le requerrait pas (1). »

Il arrivait fréquemment que les parties faisaient défaut à l'audience. Si en effet devant les juges ordinaires elles s'exposaient à une amende de trois sous, par contre, jusqu'en 1456, aucune sanction ne frappait leur non comparution devant les gouverneurs. A cette date, ceux-ci, émus des troubles qu'occasionnaient dans le service de la justice ces défauts perpétuels, décidèrent que les défaillants seraient dorénavant frappés d'une amende de huit engroignes que percevrait le scribe, pour en rendre compte en temps et lieu. Le sergent qui aurait fait l'ajournement devait recevoir un niquet pour son salaire (2).

Le tribunal est composé comme en matière criminelle, c'est-à-dire que, depuis 1451, il comprend le juge de l'Empereur et les gouverneurs ; mais de même qu'en matière criminelle, les gouverneurs convoquaient les vingt-huit notables pour juger avec eux dans les cas importants, de même il arrivait en matière civile que dans des causes particulièrement délicates et dans lesquelles il fallait des connaissances spéciales, ils s'adjoignaient, pour prononcer la sentence, un certain nombre de citoyens, que leur profession ou leur expérience rendaient plus aptes à apprécier la valeur des arguments des parties en cause (3).

(1) Registres municipaux, n° 11, 27 juillet 1520.
(2) Registres municipaux, n° 6, 1456.
(3) Registres municipaux, n° 5, 16 mars 1453.

Tout ce que nous avons dit au chapitre précédent des incompatibilités entre les fonctions de juge de Régalie, Vicomté ou Mairie et celles de gouverneur, s'applique évidemment encore ici ; il en est de même pour les récusations. Il y a toutefois lieu de remarquer qu'en matière civile elles sont moins étendues : un juge est récusable jusqu'au troisième et quatrième degré, suivant le droit canon, et septième suivant le droit civil, alors qu'en matière criminelle la faculté de récusation s'étend jusqu'au quatrième degré de parenté du droit canon et au huitième du droit civil.

L'exécution des sentences civiles des gouverneurs incombe également aux justices séculières, elles peuvent, en vertu des mandements décernés, saisir des gages jusqu'à concurrence de la valeur de l'objet des poursuites.

Ainsi donc, à une époque où précisément en France l'ordonnance de Moulins (1) (février 1566) portait un coup mortel à la juridiction civile des communes, les gouverneurs de Besançon voyaient la leur portée à son apogée. Une seule justice de la Cité n'avait pas consenti à abdiquer toute indépendance et à se soumettre entièrement à leur contrôle : c'était celle de l'Officialité. Pendant longtemps, elle avait revendiqué la compétence

(1) L'article 71 de l'ordonnance dispose : « Pour donner quelque ordre à la police des villes de nostre royaume, et pourvoir aux plaintes qui de ce nous ont esté faites, avons ordonné que les maire, eschevins, consuls, capitouls et administrateurs des corps desdites villes qui ont eu ci-devant et ont de présent l'exercice des causes civiles, criminelles et de la police, continueront ci-après seulement l'exercice du criminel et de la police, à quoi leur enjoignons vaquer incessamment et diligemment, sans pouvoir d'oresnavant s'entremettre de la connaissance des instances civiles entre les parties, laquelle leur avons interdite et défendue, et icelle renvoyons et attribuons à nos juges ordinaires ou des hauts justiciers des villes, ou y a corps et communautez tels que dessus ; nonobstant tous privilèges, coutumes, usances et prescription que l'on pourrait alléguer au contraire. »

exclusive pour tous les procès entre clercs ; sur ce point elle avait dû s'incliner à son tour, et nous voyons le tribunal de la commune trancher fréquemment, à partir du XVIe siècle, des contestations auxquelles sont mêlés des gens d'église, et faire appliquer ses sentences sans tenir aucun compte du pourvoi formé par l'une des parties devant l'official (1).

Mais, sur certaines matières spéciales, l'official parvint néanmoins à maintenir sa compétence ; c'était en ce qui concerne les testaments et toutes les matières qui s'y rattachent : confection d'inventaire, dation de tutelle, etc.

Les testaments devaient en effet, à Besançon, être passés devant les notaires de l'Officialité, et cette juridiction s'en prévalait pour réclamer le droit exclusif de les publier et d'en assurer l'exécution. La commune protesta pendant longtemps contre cette prétention, en objectant que les Canons de l'Eglise défendaient aux ecclésiastiques de se mêler des affaires séculières ; ce ne fut qu'en 1645 que les deux adversaires se mirent d'accord par une transaction conclue pour vingt-neuf ans (1). Pendant ce délai, l'official devait jouir seul du droit de publier les testaments, mais, en cas de discussion, il appartiendrait à la partie demanderesse de choisir la justice qui viderait le procès. S'il n'y avait pas de testament, l'attribution des tutelles serait de la compétence des régale, vicomte et maire. Ce traité ne devait jamais être soumis au renouvellement, la conquête française étant intervenue avant son expiration.

(1) Registres municipaux, n° 77, 13 mars 1645.

B. — *Les voies de recours*

Un des caractères les plus remarquables de la juridiction des gouverneurs, caractère qui résulte de sa complète indépendance, c'est de juger en dernier ressort. En France, à partir du XIVe siècle, toutes les juridictions communales sont soumises à l'appel, fréquemment même à plusieurs degrés ; le roi, par l'intermédiaire de ses parlements, s'assure la haute direction de toute la justice [1]. L'appel n'est cependant pas inconnu à Besançon, les autres justices de la Cité sont soumises, sous ce rapport, à une hiérarchie rigoureuse, hiérarchie qui comporte deux ou trois degrés, suivant que l'on se trouve en matière criminelle ou en matière civile. Dans le premier cas, on peut appeler d'une sentence de la Vicomté ou de la Mairie devant la Régalie ; dans le second, on peut appeler de la Mairie à la Vicomté, et de la Vicomté à la Régalie.

La sentence rendue par les gouverneurs n'est, au contraire, en aucun cas susceptible d'appel.

Tous les diplômes sont d'accord pour le constater : « que s'ils conviennent, cela doive tenir sans aucun remède d'appel que l'une ou l'autre des parties puisse émettre et ledit juge soit tenu d'exécuter le jugement desdits citoyens et faire que les parties tiennent effectivement ledit jugement [2]. »

La Cour impériale de Spire, elle-même, ne pouvait réformer les sentences des gouverneurs ; le diplôme de Sigismond le déclarait d'une façon formelle.

Les gouverneurs allaient jusqu'à dénier à l'Empereur

(1) G. TESTAUD, *Des Juridictions municipales en France*, p. 151.
(2) Diplôme de Charles IV.

en personne le droit de modifier leurs jugements. En 1586, Nicolas Mancenans, un des personnages les plus en vue de la Cité, en procès avec le docteur Jean Chifflet, s'était permis d'appeler à Sa Majesté de la sentence des gouverneurs. Ceux-ci décidèrent de mander Mancenans devant eux, de le « calanger » publiquement et de le poursuivre pour attentat contre le magistrat. Mancenans dut faire des excuses au sujet de sa requête d'appel, la désavouer et reconnaître la souveraineté absolue de Messeigneurs en matière de justice (1).

Nous ne trouvons, dans les registres municipaux, aucune mention de l'opposition ; cela n'a rien d'étonnant, étant donné la rareté de cette voie de recours devant les juridictions municipales. En France, seule la charte de Beaumont en Argonne en mentionne l'existence (2).

Sur la revision, nos renseignements sont très peu abondants ; nous savons seulement que dans un pareil procès tout gouverneur qui avait pris part au premier jugement devait être rappelé pour opiner, alors même qu'à cette époque il ne faisait plus partie du gouvernement (3).

(1) Registres municipaux, n° 40, 21 novembre 1586 et 30 mai 1587.
(2) G. Testaud, *loc. cit.*, p. 162.
(3) Registres municipaux, n° 53, 13 mars 1620.

CHAPITRE VIII

DÉCADENCE DE LA JURIDICTION DES GOUVERNEURS

Le recrutement des gouverneurs. — Les fraudes électorales. — Les essais de remède. — Besançon rattaché à l'Espagne. — La conquête française.

Si nous avons laissé de côté, jusqu'ici, l'étude des règles qui présidaient à l'élection des gouverneurs, c'est que l'examen des nombreuses modifications qui y furent successivement apportées et le tableau des désordres provoqués par ces réformes dans les dernières années qui précèdent la conquête française, forme la conclusion naturelle de notre thèse. Lorsqu'une institution devient l'objet d'autant de retouches, lorsqu'elle se trouve en but, de tous côtés, aux critiques et aux attaques, l'heure de la décadence et de la disparition n'est pas loin de sonner pour elle.

Comment procédait-on à la désignation des gouverneurs, quelles conditions fallait-il remplir pour être électeur, pour être éligible ? C'est ce que nous allons maintenant examiner.

Tous les citoyens âgés de vingt-cinq ans et supportant les charges publiques prenaient part aux élections. Rechercher les conditions exigées pour être électeur revient donc à se demander quelles étaient celles à remplir pour être citoyen. La ville accordait très facilement le droit de cité ; épuisée par les maladies et les guerres, elle comprenait qu'il était de son intérêt d'accroître, autant que possible, le nombre de ses habitants. Les serfs, fuyant la tyrannie de leurs seigneurs, y trouvaient un asile sûr et inviolable et de grandes facilités pour acquérir, avec le titre de citoyen, tous les privilèges des hommes libres. En effet, d'après le diplôme de Venceslas, quiconque avait résidé à Besançon pendant un an et un jour et supporté durant son séjour et selon ses moyens les charges communes, était réputé citoyen. Il n'avait plus à payer aucune taille ou prestation personnelle, quel que fût le temps que lui ou ses ancêtres fussent demeurés soumis, à titre de mainmortables ou d'hommes de condition servile, à la domination d'un seigneur étranger. Il pouvait disposer par testament, en faveur de qui lui convenait, de tous ses biens, hormis ceux qu'il possédait sur les terres de son ancien seigneur, auquel ils faisaient retour.

Le délai d'un an et un jour n'était même pas exigé dans tous les cas ; il suffisait au nouveau venu, qui désirait acquérir le titre de citoyen, de se présenter dans le « Poêle », salle dans laquelle les gouverneurs s'assemblaient pour traiter des affaires de la commune, il annonçait son intention de faire partie de la Cité et d'en supporter sa part de charges ; on en dressait acte sur le registre, les gouverneurs présents signaient comme témoins et recevaient en même temps le serment de fidélité à la Cité du nouveau citoyen. Celui-ci alors déposait une certaine somme, fixée par la coutume à un minimum de cinq sous ; toutefois, lorsqu'on voulait récompenser, par l'octroi du titre de citoyen, d'importants services rendus à la commune, on dispensait expressément le nouveau citoyen du versement d'aucune somme. Quelquefois, au contraire, lorsque quelques candidats fortunés recevaient le titre de citoyen, ils remerciaient la Cité de cette faveur en lui faisant des libéralités importantes, dont la plus grande partie était attribuée aux pauvres.

Pour procéder aux élections, les citoyens étaient répartis en différents quartiers au nombre de sept : Saint-Quentin, Saint-Pierre, Chamars, le Bourg, Battant, Charmont, Arènes. Chacun de ces quartiers, ou bannières, devait élire une liste de quatre notables. A l'origine, tout électeur était en même temps éligible, mais on en arriva à interdire l'accès de cette magistrature à tout citoyen exerçant une profession jugée insuffisamment honorable, ou qui aurait obtenu, depuis trop peu de temps, l'octroi du droit de cité. C'est ainsi qu'en 1593, on décida qu'on ne pourrait recevoir, au nombre des vingt-huit, « aucuns hosteliers, taverniers, admodiateurs » de niquets, massiers et esminiers », et que s'il advenait qu'ils fussent élus, leur élection serait considérée comme nulle (1).

L'on apporta, toutefois, un tempérament à cette prohibition en déclarant, quelques années plus tard, que les aubergistes pourraient être élus s'ils déposaient leurs enseignes six semaines avant l'élection (2).

A citer encore deux articles des statuts, publiés l'un en 1594, l'autre en 1597 et apportant tous deux des restrictions à l'éligibilité des nouveaux citoyens.

« Du mercredy 27e juin 1594 : A fin de cy-après éviter » les inconvénients, troubles et fascheries où l'on s'est » parfois précédemment retreuvé, mesme en l'an passé » ez élections tant des sieurs Vingt-Huict que de Messieurs les Gouverneurs, au regard de ceux qu'il on

(1) Statuts et règlements, p. 11.
(2) Registres municipaux, n° 51, 22 juin 1616.

» estict, issus et venus de condition mainmortables ne » seront admis ny reçeu au nombre desdits Vingt-Huict » et Gouverneurs, combien qu'affranchis et receus ci- » toyens, et si par inadvertance il arrivait qu'aucun » desdits issus de mainmorte se treuve esleu et nommé, » de quel estat et condition qu'il soit, l'eslection et no- » mination sera tenue comme dez maintenant et pour » lors l'on la déclaire pour nulle et de nulle affect (1). »

« Du vendredy 27e juin 1597 : Que cy-après aucuns » étrangers n'estant subjets originels de l'Empereur ou » du Comté de Bourgogne que seroient receus citoyens, » néanmoins ne seront receus et admis aux estats de » Gouverneurs ou de Vingt-Huict qu'ils n'aient résidé » dans la Cité l'espace de vingt-cinq ans, non comprins » encore lesdits subjets dudit Comté originel mainmor- » tables au regard desquels sera suivi l'article d'iceux » fait en l'an 1594. »

Les élections avaient lieu chaque année, au mois de juin, le jour de la saint Jean-Baptiste ; dans l'après-midi de ce même jour, les vingt-huit notables élus se rendaient à l'Hôtel de Ville et choisissaient leur président, qui restait en fonction durant toute la législature. En 1520, les notables de la bannière de Saint-Quentin avaient prétendu qu'il était d'usage immémorial qu'il fût choisi parmi eux. Les autres bannières ayant protesté avec énergie, on décida que dorénavant les Vingt-Huit éliraient l'un d'entre eux et que celui qui aurait obtenu le plus de voix, vieux ou jeune et de quelque bannière qu'il fût, occuperait le fauteuil (2).

(1) On ne peut s'empêcher de remarquer l'analogie qui existe entre ces dispositions et celles qui étaient prises à Rome contre les affranchis ; il est fort probable que le droit romain qui était en vigueur à Besançon eut une certaine influence dans les décisions prises.

(2) Registres municipaux, n° 11, 25 juin 1520.

Les notables procédaient alors à l'élection des gouverneurs qu'ils répartissaient à raison de deux par quartier.

Ils pouvaient, d'ailleurs, ajourner plus ou moins longtemps le dépouillement du scrutin. Pendant cet interrègne, qui durait en général une huitaine de jours, c'est à eux qu'appartenait le gouvernement de la Cité. Ils en profitaient pour examiner la gestion des gouverneurs sortants et surtout pour décréter des statuts qu'ils obligeaient les nouveaux gouverneurs à jurer de respecter. C'était là, nous le verrons, une cause d'incidents fréquents.

Pour pouvoir exercer les fonctions de gouverneur il fallait avoir été, pendant une année au moins, au nombre des vingt-huit notables (1).

Deux frères ne pouvaient faire partie tous deux du conseil, ni deux cousins germains portant le même nom de famille ; si le cas se présentait, le plus âgé seul devait être maintenu (2).

Enfin, avons-nous vu, l'accès de cette charge fut également interdit, à partir d'une certaine époque, aux divers juges de la Cité.

Lorsqu'un des gouverneurs élus ne voulait accepter le gouvernement, on devait « l'admonester duhement », et s'il persistait dans son refus, en élire un autre à sa place ; cette seconde élection pouvait avoir lieu un certain temps après la première, car si l'élu non acceptant était absent de la Cité, il fallait attendre son retour pour connaître sa décision définitive (3).

Les gouverneurs ne pouvaient entrer en charge qu'après avoir prêté le serment de respecter les statuts

(1) Registres municipaux, n° 53, 20 juin 1620.
(2) Statuts et règlements de Besançon, p. 9.
(3) Statuts et règlements de Besançon, p. 9.

de la Cité ; si l'un d'eux ne pouvait être présent au moment de la prestation générale, il devait, pour remplir cette formalité, se faire présenter par les quatre de sa bannière (1).

Un certain nombre d'incapacités frappaient les gouverneurs ; c'est ainsi qu'ils ne pouvaient se porter adjudicataires dans aucune vente se faisant devant l'une des trois justices de la Cité (2).

Ils n'avaient pas de président annuel ; chaque semaine, l'un d'entre eux, à tour de rôle, occupait le fauteuil (3).

Pour compléter l'énumération des différents corps qui concourrent à l'administration de la ville, il importe de citer aussi un nouveau groupe de quarante-deux notables également élus par le peuple, et qui, dans les cas excessivement graves, pouvaient être appelés à donner leur avis ; c'est ce qui se présenta pour la ratification du traité par lequel l'Empire cédait Besançon à l'Espagne (4).

Ce système de gouvernement semble avoir fonctionné sans incidents jusqu'au milieu du XVIe siècle ; à cette époque, les discordes commencent à apparaître ; en 1532, quatre citoyens, « pour avoir fait brigue aux dernières élections », sont privés du droit d'y participer désormais, et il leur est interdit de sortir de leurs demeures trois jours avant et trois jours après (5).

Dès lors, il ne se passe guère d'élection à propos de laquelle les registres municipaux ne mentionnent des incidents analogues ; le besoin de modifier le système électoral se faisait de plus en plus sentir ; en 1492, on

(1-2) Statuts et règlements de Besançon, p. 9.
(3) Castan, *Besançon et ses environs*, p. 24.
(4) D'Auxiron, *Observations sur les juridictions de Besançon*, p. 87.
(5) Registres municipaux, n° 14, 1er juillet 1532.

décida que, pour éviter tout soupçon de fraudes, les élections des quatre notables par le peuple des bannières ne seraient plus faites dans des maisons privées, comme cela avait parfois eu lieu, mais sur les places publiques désignées annuellement à cet effet par les gouverneurs (1).

En 1602 intervient un édit très important qui nous donne, sur la forme de l'élection et les mœurs électorales du temps, des renseignements fort intéressants.

Il débute par un exposé de la situation de la ville, remplie de troubles, de scandales, de querelles provoqués par les « brigues » des élections et fort nuisibles à l'intérêt public. Pour éviter leur retour, il édicte des prescriptions rigoureuses.

Il est défendu à tous candidats quels que soient son état et sa condition, de donner ou de promettre « or, argent » monnayé ou non monnayé, pain, vin, viandes, ni » autres dons ou choses quelconques », et cela sous peine d'une amende de cent livres estevenantes dont une moitié reviendra à la Cité.

Il est défendu, sous les mêmes peines, de « destourner » par médisances, inimitiés et autres indirectes et illi» cites manières qu'aucun ne soit esleu, ou empescher » que les voix et suffrages ne soient donnés à aucun en » toute liberté des opinions selon leur conscience et » jugement ».

Prévoyant que les candidats s'efforceraient de tourner ces défenses par tous les moyens, l'édit prend une mesure sévère s'appliquant à tous les citoyens sans exception : « Est expressément et à mesme peine prohibé » et défendu à tous : de deux mois avant ledict jour de » ladite élection un chacun an, faire ny faire à faire

(1) Registres municipaux, n° 42, 19 juin 1592.

» banquets, beuvelles ny assemblées de jour ny de » nuict en leurs maisons ou d'autres tavernes, cabarets » ou ailleurs extraordinairement et plus que de » coustume.

» Ce que l'on veut estre aussi défendu des assemblées » qui se sont cy-devant pratiquées, à l'effet desdictes » brigues, es villages et lieux circonvoisins à ladicte » Cité, que l'on prohibe et défend, sous quelque prétexte » et couleur que ce soit, à mesme peine que dessus. »

Au cas où le contrevenant serait dans l'impossibilité de payer l'amende fixée, elle devrait être convertie en une peine corporelle « fustigation, bannissement ou » autre plus griêfve à l'arbitrage des juges ».

Avant de procéder à l'élection, les deux gouverneurs sortants de chaque bannière devront prêter à haute et intelligible voix le serment suivant, serment que chacun des électeurs devra répéter avant de voter.

« Je jure le Dieu tout puissant, Père, Filz et Sainct-» Esprit. En la vérité des Saincts Evangilles que je » touche de mes mains, et soub le péril de ma damna-» tion, que je n'ay pour l'élection que présentement doibt » estre par moy faitte, brigué ny faict briguer par autre, » donné ny promis, faict donner ny promettre, don-» neray ni promettray à aucun, chose que ce soit, direc-» tement ny indirectement, ny pour moi ny pour autre. » Et que je n'ay aussi sollicité par lesdicts moyens » qu'autre n'y fut appellé légitimement et esleu.

» Que je nommeray pour ladicte élection les quatre » personnages plus hommes de bien, dignes et capables » de ladicte charge qu'en ma conscience j'estimeray » estre pour le bien de ceste Cité, honneur et profit » publicque.

» Et que je ne nommeray aucun que je seache ou » estime en mon âme avoir brigué, ny faict briguer en

» façon que ce soit. Ainsi m'aydent Dieu et tous les » Sainctz. »

C'était un serment conçu en termes à peu près identiques que devaient encore prêter les vingt-huit notables avant de procéder à l'élection des gouverneurs.

Dans chaque bannière ce sont les deux gouverneurs sortants qui sont chargés d'assurer la régularité de l'élection. Ils choisissent un greffier et deux contrôleurs pour recevoir et noter les voix. Ce sont eux encore qui doivent trancher toutes les difficultés qui pourraient se présenter ; ils ont tout pouvoir pour remédier aux désordres s'il s'en produisait et faire châtier les meneurs. Ils peuvent dresser des procès-verbaux contre ceux qui prennent part aux troubles, « auxquelz verbaux sera » adjoutée foy plénière en jugement pour la décision » ultérieure de ce qui en dépendra ».

Le vote se fait par appel nominal, soit par dizaines, soit suivant l'ordre des maisons de chaque rue, selon qu'en décident les gouverneurs ; l'électeur qui n'est pas présent à l'appel de son nom perd le droit de prendre part à l'élection.

Une fois les résultats connus, les gouverneurs feront appeler les notables élus, c'est-à-dire ceux qui auront obtenu le plus grand nombre de voix, et leur feront prêter le serment, que « par eux ny par autres ils n'ont » brigué ladicte élection, promis ny donné chose » aucune pour parvenir à icelle ».

Après quoi les notables doivent être immédiatement menés par les gouverneurs à l'Hôtel Consistorial où ils ne pourront admettre personne autre que le secrétaire de la Cité, ni recevoir aucun billet ou écrit quelconque, ni parler à personne, ni en sortir, qu'ils n'aient procédé à l'élection des nouveaux gouverneurs.

Jusqu'à ce moment il leur est interdit de s'occuper

d'aucune autre affaire, exception faite toutefois pour le choix de leur président et pour le règlement des contestations que pourrait soulever l'élection d'un d'entre eux ; s'il n'y a pas moyen de régler rapidement cette dernière question, on procédera néanmoins sans délai à l'élection des gouverneurs, mais sans permettre au notable objet de la contestation d'y prendre part.

S'il est prouvé que l'un des notables ou des gouverneurs élus a manqué à son serment, son élection est déclarée nulle ; il devient incapable de remplir désormais aucune charge publique ; il est déclaré infâme et perd pour toujours le droit de vote, le tout sans préjudice des peines et amendes dont nous avons déjà parlé ; c'est celui qui aura obtenu le plus de voix après lui qui le remplacera.

Pour établir qu'un candidat a eu recours à des manœuvres prohibées, on admet « les violentes et appro» chantes présomptions et témoignage de toutes sortes » de gens réservés ceux qui seroyent ennemys des » accusés » ; le procès doit être jugé sommairement par les vingt-huit qui prendront l'avis des gouverneurs de l'année précédente ; s'il n'y a pas moyen de le résoudre rapidement, les accusés seront « mis en procès ordinaire » et leur élection sera suspendue jusqu'à ce qu'un jugement soit intervenu.

Enfin, pour encourager les citoyens à dénoncer les brigues dont ils auraient connaissance, on abandonne à celui qui dépose le premier un quart de l'amende infligée ; l'autre quart reviendra au syndic ou à son substitut qui aura procédé à l'information.

Si énergiques que fussent les dispositions prises par l'édit de 1602, elles furent cependant impuissantes à enrayer la corruption électorale qui entrait de plus en plus dans les mœurs ; jusqu'en 1640, les règlements, qui se succèdent pour ainsi dire sans interruption, nous prouvent que le mal ne fait qu'augmenter ; il serait trop long de se livrer sur chacun d'eux à un commentaire approfondi, d'autant plus que la plupart n'ont eu qu'une existence éphémère ; aussi nous contenterons-nous de les passer rapidement en revue en fournissant un résumé de leurs principales dispositions.

Edit du 7 juillet 1608 (1)

Avant chaque élection, on mettra dans un sac sept billets semblables contenant les noms des sept bannières.

Le plus ancien gouverneur de chaque bannière tirera l'un de ces billets et le portera clos au lieu de l'élection particulière.

On sonnera la cloche pendant un quart d'heure, temps durant lequel chaque électeur désirant prendre part au vote pourra pénétrer dans le lieu fixé pour l'élection et sera tenu de s'y asseoir. Quand la cloche aura fini de sonner, personne ne sera plus admis à entrer et à voter.

Les deux gouverneurs qui présideront choisiront les scribes et les contrôleurs et les placeront le plus près possible de l'une des issues.

On ouvrira alors le billet attribué à la bannière et le peuple assemblé dans ce lieu sera informé de la bannière dont il doit élire les notables.

On procédera à l'élection en nommant aux scribes, par ordre des dizaines ou de maisons, ou suivant l'ordre des bancs, quatre personnes.

Chaque électeur, après avoir émis son vote, doit sortir et ne plus rentrer.

(1) Registres municipaux, n° 48.

Edit du 18 février 1615 (1)

Autrefois l'élection des gouverneurs se faisait à haute voix après l'élection des quatre notables de chaque bannière particulière. Les vingt-huit ont, de leur propre autorité, changé cette forme et décidé qu'elle se ferait à voix basse, une seule personne étant chargée de recueillir les votes ; aussi arrive-t-il parfois que quelques-uns des électeurs votent pour eux-mêmes. En outre, les parents et les alliés des élus ne se retirent plus lorsque l'on examine la validité de l'élection. On décide donc de reprendre la forme ancienne.

Edit du 10 juillet 1621 (2)

Nouvelle façon d'élire les gouverneurs

Chacun des vingt-huit formera une liste de quatorze noms et les quatorze qui auront obtenu le plus de voix seront proclamés gouverneurs.

Les noms seront inscrits sur une demi-feuille de papier qui sera introduite dans un coffre percé d'une fente et fermé par sept clefs.

Les notables entreront isolément dans la salle de vote et nommeront leurs candidats au secrétaire qui devra inscrire fidèlement les quatorze noms sur la demi-feuille.

Comme parmi les vingt-huit il se rencontre des gens ne sachant ni lire ni écrire, ils pourront se faire assister d'hommes agréés par Messeigneurs, qui se tiendront à

(1) Registres municipaux, n° 50.
(2) Registres municipaux, n° 51.

l'Hôtel de Ville et s'assureront que les noms indiqués ont ont été fidèlement transcrits.

Les billets de vote seront marqués d'une note particulière afin qu'au cas où un des élus serait reconnu incapable de siéger les électeurs puissent lui en substituer un autre.

Les vingt-huit vaqueront à l'élection de leur président, à l'expédition des requêtes, et ouvriront le coffre quand ils jugeront convenable de le faire.

Les quatorze élus seront répartis par les vingt-huit à raison de deux par bannière.

6 juillet 1624 (1)

Chaque année, le jour de la Saint Jean-Baptiste, on tirera au sort dix gouverneurs dont les pouvoirs seront prorogés pour un an ; les autres se retireront du gouvernement et ne seront pas rééligibles dans la même année.

Il en sera de même pour les notables dont la moitié sera maintenue en fonction ; l'autre moitié ne pourra se représenter immédiatement.

Sans attendre les élections complémentaires, les notables maintenus choisiront séance tenante les nouveaux gouverneurs.

Un pareil édit était un véritable coup d'Etat ; le peuple en fut profondément mécontenté ; les nouveaux notables élus en demandèrent avec insistance l'abrogation ; mais tant que ceux qui l'avaient voté conservèrent la majorité au conseil, ils répondirent par des fins de non recevoir, alléguant que c'était le meilleur moyen pour réduire à néant les brigues et que d'ailleurs le sort ne choisissait que parmi ceux qui avaient été élus par le peuple.

(1) Registres municipaux, n° 55.

En 1630, les vingt-huit présentent mais sans succès un nouveau projet (1). Dans chaque bannière on aurait tiré les quatre notables au sort parmi les dix candidats qui auraient obtenu le plus de voix ; un système analogue aurait fait choisir les quatorze gouverneurs parmi les dix-huit candidats les plus favorisés.

Le système du tirage au sort était trop impopulaire pour pouvoir persister longtemps ; en 1633, les gouverneurs et les notables réunissent l'assemblée de tout le peuple pour soumettre un nouveau système à son approbation (2).

On décide qu'il n'y aura rien de remis au sort ; l'ancien système est repris purement et simplement ; on repousse la proposition d'établir un grand conseil de deux ou trois cents citoyens.

En 1639, de nouvelles retouches sont apportées à ce système (3) :

Les quatre notables ne devront se transporter à l'Hôtel de Ville que sur l'avis du secrétaire et bannière par bannière.

Ils seront extraits l'un après l'autre de la chambre du conseil pour voter ; il leur est interdit de donner plus d'une voix au même individu ; chaque liste devra être composée de quatorze noms différents ; des religieux contrôleront l'application de ces règles.

Dans plusieurs de ces édits on ne peut s'empêcher de remarquer l'animosité qui existe entre les gouverneurs et les vingt-huit notables ; au lieu de s'entendre et de ne songer qu'aux intérêts de la Cité, ces deux corps se jalousent ; les vingt-huit s'efforcent d'acquérir dans le gouvernement de la commune un rôle de plus en plus

(1) Registres municipaux, n° 56, 17 mai 1630.
(2) Registres municipaux, n° 61, 11 juillet 1633.
(3) Registres municipaux, n° 76, 10 juin 1639.

considérable ; les gouverneurs leur opposent une énergique résistance.

En 1644, les vingt-huit firent un nouveau coup d'Etat ; avant de procéder, comme ils auraient dû le faire, à l'élection des nouveaux gouverneurs, ils firent convoquer le peuple et soumirent à son approbation un certain nombre de statuts. Ces statuts comprenaient ceux qui avaient été votés dans des circonstances analogues un siècle auparavant et qui n'avaient jamais été sérieusement observés, et quelques autres votés dans l'intervalle et qui, pour la plupart, avaient eu le même sort. Ils y ajoutèrent de nouveaux articles qui augmentaient leur pouvoir dans de larges mesures : lorsqu'ils le requerront, le peuple devra être assemblé ; le président des vingt-huit devra avoir constamment une clef du trésor ; les autres clefs qui seront en la possession des gouverneurs devront être rendues à la Saint-Jean aux notables qui feront l'inventaire de la caisse et s'assureront qu'il n'y manque aucun titre ; les gouverneurs ne pourront recevoir aucun nouveau citoyen sans l'avis des notables dans la bannière desquels il voudra être reçu ; leur approbation devait également être demandée pour permettre l'établissement d'enseignes ou de cabarets dans leur quartier; enfin, point qui nous intéresse plus spécialement, il est interdit aux gouverneurs de révoquer aucune sentence judiciaire rendue par les vingt-huit notables entre la Saint-Jean-Baptiste et le jour de l'installation du gouvernement.

Pendant quelques années les vingt-huit réussirent à obtenir l'application de ces statuts ; les nouveaux gouverneurs choisis avec soin étaient en outre liés par le serment qui leur était imposé de respecter fidèlement l'édit de 1644 ; mais dès 1650, un parti nouveau ayant été porté au pouvoir, nous voyons les gouverneurs s'adresser à l'empereur pour le prier d'intervenir et de modifier de sa propre autorité les statuts de la Cité (1).

Telles sont les discordes qui divisent la commune à l'heure où sa fin est proche ; la juridiction des gouverneurs, après être parvenue à supplanter tous les anciens tribunaux de la Cité, Official, Régalie, Vicomté et Mairie, se voit attaquée à son tour par une rivale qui, elle aussi, s'appuie sur les suffrages des citoyens ; la lutte se prolonge entre elles jusqu'à la fin de la commune, avec des alternatives réciproques de succès et de revers.

Pendant que les deux grands corps investis de l'administration de la Cité sont ainsi engagés dans une guerre intestine, il se produit un événement capital dans l'histoire de Besançon : de ville libre impériale, elle devient sujette du roi d'Espagne ; sans même la consulter, la diète de Ratisbonne la céda, en 1654, à l'Espagne en échange de Frankendal dans le Palatinat ; les Bisontins n'eurent connaissance du sort qui leur était réservé qu'après la signature du traité ; c'est en vain qu'ils protestèrent, invoquant les nombreux services qu'ils avaient rendu à l'Empire dès la plus haute antiquité ; c'est en vain qu'ils se prévalurent de leurs diplômes et de leurs privilèges, du droit qui leur était reconnu d'être les seuls à pouvoir disposer de leur cité ; rien n'y fit et toutes leurs réclamations restèrent sans réponse.

Résister à l'Espagne sans le secours de l'Empire eut été impossible ; Besançon était prisonnière au milieu de la Franche-Comté ; il suffisait de lui couper les vivres pour l'obliger à se rendre à merci. Dans de pareilles

(1) Griefs prétendus par les gouverneurs de la Cité de Besançon contre les articles dont ils sont en différend avec les vingt-huict de ladite Cité devant Sa Majesté Impériale. (Brochure de 23 pages imprimée en 1650).

conditions, il valait mieux céder honorablement et tirer le meilleur parti possible de la situation. L'Espagne, de son côté, avait intérêt à ménager ses nouveaux sujets pour s'en faire des partisans fidèles dans sa lutte contre la France ; aussi leur confirma-t-elle tous leurs droits et tous leurs privilèges et pour effacer la mauvaise impression qu'avait causée la façon par trop brutale avec laquelle on avait disposé de leur cité, leur accorda-t-elle une augmentation de territoire de 100 villages [1].

La juridiction des gouverneurs, avant de disparaître, allait ainsi briller d'un dernier éclat : le traité passé entre la ville de Besançon et le marquis de Castel Rodrigo, représentant le roi d'Espagne, décidait que les 100 villages, leurs sujets, territoire et dépendances, seraient soumis à la justice et à l'autorité des magistrats municipaux sous réserve des droits de justice appartenant aux vassaux et sujets féodaux de Sa Majesté, qui continueraient à en jouir comme par le passé, mais dont les appels, au lieu de se porter devant le bailli, seraient désormais déférés aux gouverneurs.

C'était là, semble-t-il, une conquête sérieuse pour les gouverneurs, et pourtant, si nous examinons attentivement les conditions du traité, nous constatons que leur juridiction en sort affaiblie plutôt que fortifiée ; si, d'une part, sa compétence territoriale s'est accrue, pour la première fois, par contre, elle se voit soumise à une juridiction supérieure qui acquiert le droit de modifier ses arrêts.

Ses nouveaux justiciables, en effet, sauf en ce qui concerne la police ou les édits politiques des magistrats, et les causes civiles dont le principal est inférieur à 50 livres, ont le droit d'appeler des sentences des

(1) D'Auxiron, *loc. cit.*, p. 108.

magistrats municipaux devant un tribunal de cinq juges installé par le roi à Besançon. Ce tribunal, qui doit être composé de citoyens d'origine ou ayant au moins 30 ans de résidence, laïcs et gradués, statue en dernier ressort ; il est bon d'ajouter, d'ailleurs, que l'existence de ce tribunal resta toujours à l'état de projet et qu'en fait les gouverneurs gardèrent intact leur droit de statuer sans appel, en toutes matières.

La première conquête française, en 1668, respecta entièrement les droits et privilèges de Besançon ; par l'article 3 du traité de capitulation, le roi de France confirmait aux citoyens leurs immunités et franchises, et par l'article 4 permettait d'exécuter en tous points le traité passé en 1664 entre la ville et le roi d'Espagne. Besançon ayant été restituée à cette dernière nation, dans le courant de la même année, sa situation ne subit aucun changement.

La capitulation de 1674, qui suivit la nouvelle conquête française, était analogue à la précédente, mais ne devait pas être respectée longtemps par les vainqueurs.

Des lettres patentes du 22 août 1676 mentionnent encore une dernière fois la juridiction des gouverneurs ; elle décide que, dorénavant, l'appel des sentences et jugements rendus par eux sera porté devant le Parlement qui, à la même date, était transféré de Dole à Besançon.

Quatre jours après, le 26 du même mois d'août 1676, de nouvelles lettres patentes supprimaient purement et simplement les gouverneurs et 28 notables de Besançon. A leur place, elles instituaient une administration analogue à celle qui régissait la plupart des villes de France. Elles marquaient la date de la ruine et de la disparition définitive d'un système de gouvernement qui, pendant plusieurs siècles, avait conservé, au milieu de nations envahies par l'absolutisme royal, les principes de liberté et d'indépendance dont les citoyens de Besançon se montraient fiers, à juste titre.

Vu :

Ernest CHAMPEAUX.

Vu :

Le Doyen de la Faculté de Droit
de l'Université de Dijon,
E. BAILLY.

Vu et permis d'imprimer :

Dijon, le 18 mai 1907.

Le Recteur de l'Académie,
E. BOIRAC.

SENTENCE DE MAYENCE

(D'après une charte de l'abbaye de Saint-Paul reproduite dans DUNOD, *Histoire de l'Eglise de Besançon*, t. I, Preuves.)

Nos officialis Curiæ Archidiaconalis Bisunt. notum facimus univers. quod vidimus et de verbo ad verbum legimus Litteras infra scriptas sub hac forma.

Henricus Romanorum Rex semper Augustus, omnibus præsentes Litteras visuris et audit. Salutem. Cum desirabilis prosperitatis augmento, regalem decet Majestatem, sollicitudinem et curam gerere Subditorum, ac ipsorum commoda investigare, ut Regni nostri utilitas incorrupta persistat, et singulorum status conservetur illæsus : quapropter cum in civitate nostra Moguntina, cum nostris Principibus in curia nostra federemus in nostro Tribunali ; tam a dilectis nostris decanis Santi Stephani et Santi Joannis, Abbat. S. Vincentii, Priore S. Pauli, Canonicis B. Mariæ Magdalenis nostræ civitatis Bisunt. (Besançon) et a charissimis nostris Civibus graves querimonias accepimus; quod Vicecomes et Major Civit. Bisunt. qui ibidem Jurisdictionem temporalem authoritate nostra dicunt se habere; homines dictarum Eccles. ac etiam Clericos et Cives prædictos, capiunt aliquando nimis frequenter, et insuper adjudicant tantum per seipsos pro placito suæ voluntatis, in præjudicium dictæ Eccles. et præd. Civium nostrorum, non modicum et gravamen; occasiones varias et falsas imponentes hominibus et civibus memoratis. Habito igitur Consilio Ducum, Marchionum, Comitum simul et Palatinorum aliorumque Procerum, et Comitis Otonis Burgundo Procurat. Archiep.

Bisunt. Principis nostri; malitiis præd. Vicecomitis, Majoris atque aliorum Judicum quorumcumque in præd. Civitate existentium, obviare volentes, et super pluribus aliis præd. Eccles. necnon Civibus prædictis providere desiderantes, in utilitatem omnium et præcipue Regni nostri : volumus, ordinamus atque concedimus, ut d. Decani et Concanonici iposum, Abbas S. Vincentii, Prior S. Pauli, Canonici Beatæ Mariæ Magdalenes supradicti; de omnibus hominibus suis in d. Civitate Bisunt. nec non de tota sua familia Clericis et Laïcis de cetero judicent, et de omnibus causis ipsorum cognoscant, et conquerentibus de ipsis justitiam exhibeant, de his quæ pertinent ad nostram Jurisdictionem, per se vel alios secundum Jus et Consuetudinem Terræ et Civitatis Instituta; malitia quorumcumque Judicum non obstante; cum personas ecclesiasticas, per civiles Judices non opporteat nec deceat opprimi, sed potius relevari. Si vero Cives præd. vel aliquis ipsorum Civium coram Archiep. seu coram Vicecomite seu Majore fuerint accusati vel accusatus, vel quocumque alio modo in judicium coacti vel coactus, capti vel captus; nisi pro manifesta causa vel legitime probata super quocumque crimine, vel alia quolibet causa legitime convicti vel convictus, prout Juris ordo postulat vel Consuetudo requirit et in causa fuerit conclusum, ex tunc vocatis aliis Civibus dictæ Civitatis, dicti Cives vel Civis, per Cives non inimicos et minus favorabiles, sed communes ad hoc specialiter electos, de præd. Civibus vel Cive judicabunt; et quod judicatum fuerit, per Judicem coram quo fuerint convicti vel convictus, mandabitus executioni; nisi tota communitas præd. Civium fuerit judicanda ex aliqua causa rationabili et honesta; et cum hoc advenerit, tunc debet ad Nos recursum haberi; ut malitiis dictorum Judicum sic debite obvietur, et dicti Cives injuste non valeant aggravari; quos gaudere volumus omnimoda libertate, cum sincero corde eos diligamus. Caveant ergo Cives, ne aliqua usurpent vel attentent contra Eccles. supra dicta cum ipsæ Eccles. cum omnib. hominib. et reb. suis et pertinentiis præsentibus et futuris, sint liberæ de his quæ pertinent ad nostrum dominium nostrumque examen; nihil Juris et dominii Nobis retinentes in Ecclesiis memoratis et rebus ipsarum; his tantum exceptis quæ Bisunt. Archiep. quicumque pro tempore fuerit, tenetur Nobis facere, prout Prædecessores sui nostris facere consueverunt, et in eorum privilegiis vidimus contineri.

Inhibentes omnibus clericis et laïcis ne in ecclesiæ S. Pauli cum circumadjacentiis suis, nec in ipso vico circunquoque prout extenditur totaliter, usque ad medium vicum qui dicitur Chateur (1), nihil juris dominii vel Jurisdictionis sibi usurpent vel dicant se habere; cum jus et dominium totaliter pertineat Eccles. S. Pauli et vici memorati, prædictisque Priori et Canonicis S. Pauli prout ad nos pertinet et pertinere potest; quod nos confirmamus pariter et acceptamus.

Volentes insuper et concedentes, ut clerici Chorum scilicet intrantes Eccles. S. Stephani et S. Joan. et inibi desservientes, aliqua crimina committentes; non debeant judicari, capi vel destineri, nisi per d. Decanos et suos Canonicos, qui super eos habent Jurisd. omnimodam, quantum ad illa quæ requirunt Juris ordinem et cognitionem.

De aliis vero Clericis in Civitate Bisunt. commorantibus et causis eorumd. judicabit Archiep. Bisunt. nisi causa fuerit criminalis, de qua cognoscere non poterit Archiep. vel judicare de his quæ pertinent ad Nos præcise, sine Decanis memoratis.

Inhibentes atque præcipientes Bisuntino Archiep. quicumque fuerit pro tempore ne bona immobilia, videlicet terras, possessiones cultas vel incultas, Sedis Bisunt. donet, vendat, distrahat, committat, infeodet vel pignori tradat sine consensu et voluntate obtenta Decanorum prædictorum; nec majora negotia vel media Sedis Bisunt. tractet, sine ipsis Decanis et voluntate ipsorum, et sine consilio sui Cancellarii et Camerarii Sedis Bisunt. quod si Archiep. præd. ausu temerario contravenire præsumpserit, ipsi Decani prænominati authoritate nostra habeant potestatem revocandi, qui domini sunt in omnibus post Archiep. memoratum; quibus Decanis successive concessimus super hoc specialiter nostram potestatem, cum quendam Archiep. Bisun-

(1) « Chatol »; d'après le texte retrouvé par M. Charmoillaux.

tini magna bona et magna feuda etiam castra alienaverint et infeudaverint in præjudicium Regni nostri et Sedis Bisuntin. prout nobis constitit per plures, et specialiter per d. Otonem, Comitem Burgund. qui castrum de Vesulio cum jure et districtu, proprium Eccles. Bisunt. per nos sibi et suis hæredibus, ad instantiam Archiep. Bisunt. fecit fraudulenter confirmari; ad magnam læsionem Sedis antedictæ et Regni memorati; et quia talia et majora timere debemus, de cetero fieri inhibemus. Volumus et concedimus, ut custodia nostræ Civitatis Bisunt. penes Cives remaneat, ut eam custodiant et deffendant pro Nobis; ut non possit alienari, nec possimus inde ab inimicis nostris molestari, vel jura nostra impugnari.

Prohibemus insuper, ne aliqua ædificia fiant infra ambitum dictæ Civitatis vel circa, unde Civitas lædi possit vel etiam impugnari; quod si contra factum fuerit, per d. Cives volumus revocari. Vici vero dictæ Civitatis non minuantur nec augeantur, nec pœnæ alique imponantur, seu quæcunque statuantur, sine voluntate et ordinatione Civium præd.

Et quando aliquid erit in Civitate proclamandum proclamabitur ex parte Archiep. et Civium prædict. et quorocumque aliorum quorum debet interesse. Caveat igitur Archiep. ne aliquas inveniat novitates, vel faciat in Civitate prædicta, sine nostra authoritate et voluntate Civium præmiss. cum ipsa Civitas sit nostra deffensio, et clypeus in partibus illis.

Liceat ipsis civibus de se ipsis eligere meliores et discretiores, qui Jurati regant et procurent negotia Civitatis; prout faciunt Cives et Burgenses per Regnum nostrum constituti.

Inhibentes tamen d. Civibus, ne conspirationes seu confederationes cum aliquibus faciant, nisi pro deffensione juris nostri et pro communi utilitate Civitatis. Moneta vero cum in ipsa Civitate fuerit facienda, fiet per Archiep. et Decanos anted. et Capitula sua. Ipsa vero moneta et mensuræ, nec augeri poterunt, nec minui, nisi consilio Civium præd. et si d. Archiep. Vicecomes vel Major, contra tenorem præsentium in aliquo venerint, eisdem ulterius non parcetur, quousque

Nobis et d. Civibus emendam præstiterint competentem, ut puniantur in quo videntur deliquisse. Datum præsentibus et volentibus omnia præmissa, Otone Comite Burgund. Procuratore Archiep. Bisunt. Hugone Monacho Bellæ Vallis Procuratore d. Decanorum, Abbatis S. Vincentii, Prioris S. Pauli, Canonicorum Beatæ Mariæ Magdalenes præd. et præsentibus Vicecomite et Majore anted. et quibusd. Civib. Procuratoribus omnium aliorum qui omnia præd. promiserunt observare, fide data pro se et suis Dominis pro quibus Procuratores sunt; et renunciaverunt insuper omnes d. Procuratores pro se suisque Dominis, super hoc habentes speciale mandatum, omnibus privileg. suis, impetratis vel impetrandis, et omnibus aliis rationibus quibuscunque, quæ in præsenti vel in posterum possent allegari vel opponi quoquo modo contra tenorem præsentium Litterarum. Quæ omnia volumus et præcipimus in perpetuum observari, et si per aliquem aliquid contra tenorem præsentium fuerit attentatum, illud decernimus irritum et inane.

Anno ab. Incarn. Domini MCLXXXX, prima die Martii.

TABLE DES MATIÈRES

Pages

BIBLIOGRAPHIE V

INTRODUCTION. 1

CHAPITRE Ier. — ORIGINES DE LA JURIDICTION DES GOUVERNEURS. — [illegible] municipe romain. — Les Invasions. — Développement du pouvoir de l'évêque. — Régalie, Vicomté et Mairie. — Influence conservée par le peuple. — La Sentence de Mayence. 5

CHAPITRE II. — PROGRÈS ET LUTTES DE LA COMMUNE. — Suppression de la commune en 1235. — Ses alliances. — La guerre avec l'Empire. — Charte de Rodolphe (1290). — Diplôme de Charles IV (1361). — Diplôme de Venceslas (1398). — Traité de gardienneté de 1451. 25

CHAPITRE III. — LA RÉFORME A BESANÇON. — Nouveaux progrès et empiètements de la juridiction des gouverneurs. — Apparition de la Réforme. — Gauthiot d'Ancier. — Intervention de l'Empereur. — L'Inquisition 49

CHAPITRE IV. — PRIVILÈGE DE NON DISTRACTION DE RESSORT. — Son origine. — Conflits avec le Parlement de Dole. — La Justice de gardienneté 67

CHAPITRE V. — POLICE DE LA VILLE. — Origine et étendue de ce pouvoir. — Edits des Gouverneurs. — Conflits avec le Chapitre. 75

CHAPITRE VI. — JURIDICTION CRIMINELLE. — La Procédure accusatoire. — Le Procureur de la Cité. — Les flagrants délits. — L'Instruction. — Le Jugement. — L'Exécution. — Les Peines . 91

CHAPITRE VII. — JURIDICTION CIVILE. — VOIES DE RECOURS. —

Pages

La Procédure. — Compétence. — Conflits avec l'Official. — L'Appel. — L'Opposition. — La Revision. 113

CHAPITRE VIII. — DÉCADENCE DE LA JURIDICTION DES GOUVERNEURS. — Le recrutement des Gouverneurs. — Les fraudes électorales. — Les essais de remède. Besançon rattaché à l'Espagne. — La conquête française. — Conclusion 123

SENTENCE DE MAYENCE 143

BESANÇON, IMPRIMERIE J. MILLOT ET Cie

www.ingramcontent.com/pod-product-compliance
Ingram Content Group UK Ltd.
Pitfield, Milton Keynes, MK11 3LW, UK
UKHW022106190726
13855UKWH00002B/684